PRECIOSA
MORS
IVSTORVM
Ant. Sallaerts inuentor
P. de Iode sculpsit

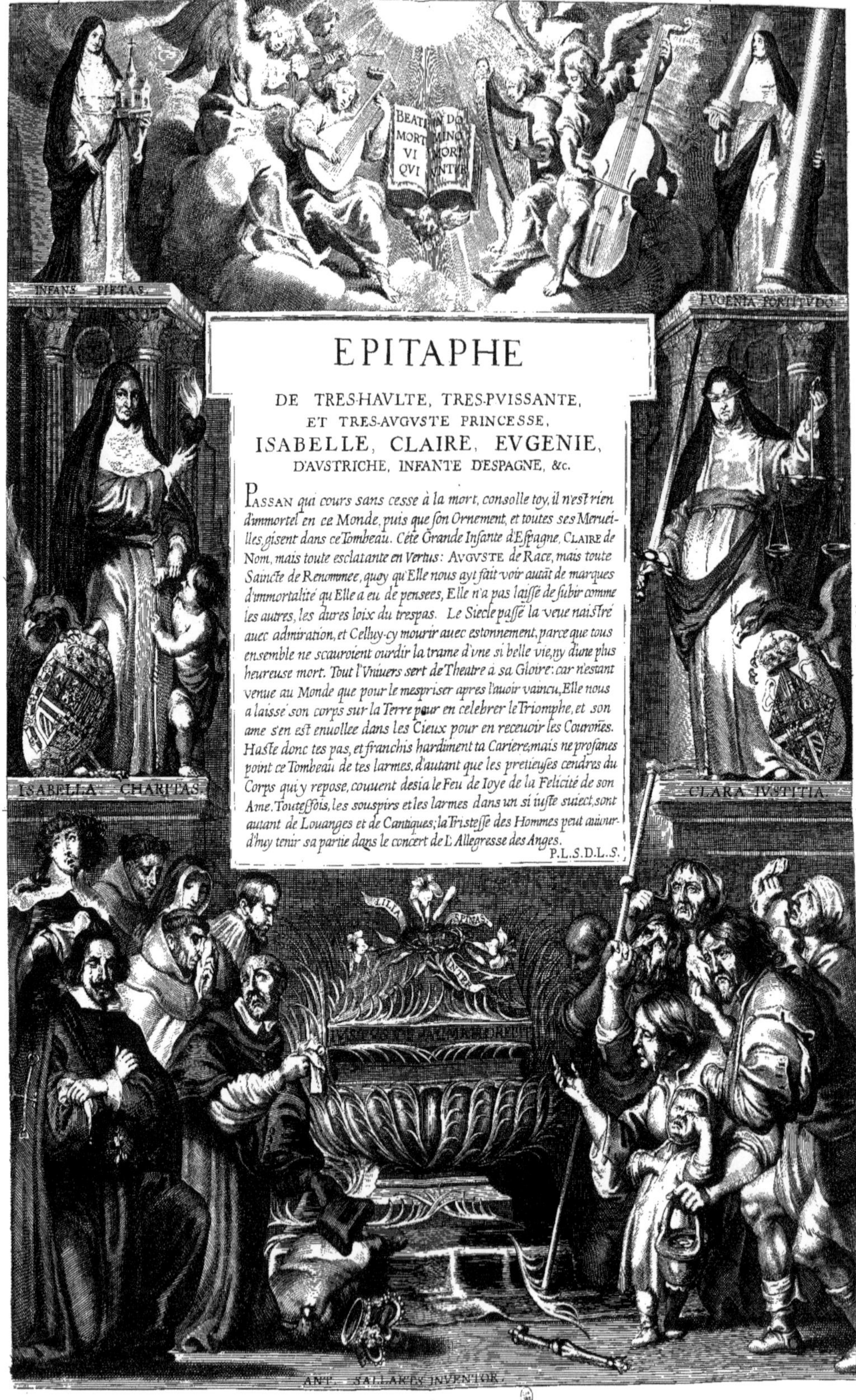

EPITAPHE

DE TRES-HAVLTE, TRES-PVISSANTE, ET TRES-AVGVSTE PRINCESSE,

ISABELLE, CLAIRE, EVGENIE,

D'AVSTRICHE, INFANTE D'ESPAGNE, &c.

PASSAN *qui cours sans cesse à la mort, consolle toy, il n'est rien d'immortel en ce Monde, puis que son Ornement, et toutes ses Merueilles, gisent dans ce Tombeau. Cête Grande Infante d'Espagne,* CLAIRE *de Nom, mais toute esclatante en Vertus:* AVGVSTE *de Race, mais toute Saincte de Renommee, quoy qu'Elle nous ayt fait voir autāt de marques d'immortalité qu'Elle a eu de pensees, Elle n'a pas laissé de subir comme les autres, les dures loix du trespas. Le Siecle passé la veue naistré auec admiration, et Celluy-cy mourir auec estonnement, parce que tous ensemble ne scauroient ourdir la trame d'vne si belle vie, ny d'une plus heureuse mort. Tout l'Vniuers sert de Theatre à sa Gloire: car n'estant venue au Monde que pour le mespriser apres l'auoir vaincu, Elle nous a laissé son corps sur la Terre pour en celebrer le Triomphe, et son ame s'en est enuollee dans les Cieux pour en receuoir les Courōnes. Haste donc tes pas, et franchis hardiment ta Cariere; mais ne profanes point ce Tombeau de tes larmes, d'autant que les pretieuses cendres du Corps qui y repose, couuent desia le Feu de Ioye de la Felicité de son Ame. Toutesfois, les souspirs et les larmes dans un si iuste suiect, sont autant de Louanges et de Cantiques; la Tristesse des Hommes peut auiourd'huy tenir sa partie dans le concert de L'Allegresse des Anges.*

P.L.S.D.L.S.

MAVSOLEE ERIGE' A LA MEMOIRE IMMORTELLE DE TRES-HAVLTE, TRES-PVISSANTE, ET TRES-AVGVSTE PRINCESSE ISABELLE, CLAIRE, EVGENIE, D'AVSTRICHE, INFANTE D'ESPAIGNE.

IL est vray qu'Arthemiſe fut ingenieuſe à ſoulager ſa douleur, lors qu'elle enſevelit dans ſon ſein les pretieuſes cendres de ſon cher Mauſole, & que cét artifice de ſon amour rendit impuiſſante la nature à treuver vn plus ſouverain dictame pour céte ſorte de playes. Ie ſçay bien qu'Alexandre vivement touché de la mort d'Hephestion fut ſi curieux, que de chercher vn extreme

 plaiſir,

plaiſir, dans ſon pareil malheur, en le faiſant celebrer par toute la terre. Mais noſtre affliction aujourd'huy eſt de telle nature, que le Temps meſme qui devore toutes choſes, ſe treuvera à la fin aſſouvy de la duree de nos regretz.

Nous aurions beau partager les pretieuſes cendres du corps de céte Princeſſe & les enſevelir dans nos cœurs, pour eſſayer de moderer leurs ennuis, ſi ces tombeaux meritoient céte gloire, l'invention en ſeroit plus louable qu'utile: car il faudroit plutoſt meſler nos cendres avec les ſiennes ſans craindre de les profaner, puis que noſtre zele les auroit epurées, & de la ſorte celebrer par nos propres funerailles, la memoire de ſon treſpas. On auroit beau dis-je, imitant ce grand Monarque dans ſon dueil, en impoſer des loix inviolables juſques aux choſes inanimees, & donner divers employs à meſme temps, & aus plus-doctes Eſcrivains de noſtre ſiecle, & au plus renõmez Artiſans de l'Vnivers, pour leur faire repreſenter à differens viſages, la grandeur de noz ennuis, & l'excez de nos infortunes. Il n'eſt point de plume qui puiſſe voler ſi haut, que la triſte armonie de nos plaintes: & toutes ces fameuſes Pyramides, qui du ſommet de leur orgueil avoiſinoient de prez les nues, comme ſi de leurs pointes elles y vouloient graver deſſus la funeſte hiſtoire de leur fondement, ne ſont conſiderables que par leur pouſſiere, puis que nos cœurs affligez l'expoſent en proye, pour quelque ſorte de conſolation, au vent de leurs ſanglotz.

Ne faut il pas advoüer, dans l'extremité de noſtre douleur, que ne pouvāt contempler toutes les funeſtes magnificences que l'art ſçauroit eſtaler au jour, qu'avec

vec les mesmes yeux dõt nous pleurons incessamment nostre perte, leurs regardz seroient autant de Cometes qui en les menaçeant de ruine, leur prepareroient vn second tombeau de mespris.

L'Histoire publie hautement les louanges de Scaurus, pour avoir fait eriger à la memoire de son Pere, vn si superbe Anphitheatre, que la despence eut estonné sans doubte vn nouveau Cresus. Anphitheatre à trois estages, dont la premiere de marbre blanc, soustenue de trois cens colomnes, portoit en vuë trois mille Statues toutes de cuivre: la seconde estage estoit de cristal, ou l'industrie de l'Artisan surpassoit encore de beaucoup le pris de la matiere: & la troisiesme qui n'esclatoit qu'en pierreries, eblouissoit d'abord les yeux, pour ravir les espritz.

Que si on vouloit maintenant élever sur la terre vn autre Mausolee, qui eut quelque raport, ou à la gloire du sujet, ou à celluy de nostre affliction, il en faudroit eriger vn dans la mer de nos larmes, non pas de marbre: car sa dureté offence la tendresse de nos cœurs, non pas de cristal, d'autant que sa fragilité est contraire à la constance de nostre douleur, & moins encore de pierreries; puis que nos yeux tousjours mouillez, ne sçauroient plus supporter d'autre esclat, que celluy des flambeaux mortuaires, mais vn tout de Palmes, comme autant de Trophees, de la vertu de céte grande Princesse, affin qu'estant arosees sans cesse de l'humidité de nos pleurs, elles peussent croistre jusques au Ciel, pour l'y servir d'une seconde couronne.

Encore faut-il confesser, que toutes ces marques d'honneur, qu'on destineroit à sa memoire, temoigneroient plutost la foiblesse de nostre pouvoir, que la grandeur de son merite : car quelle apparance d'offrir vn Trophée de Palmes à celle-la mesme qui en auroit depeuplé la terre pour s'en faire des couronnes, si elle eut peu assouvir son ambition de la vaine gloire d'icy bas.

Pourquoy dis-je dresseroit on des autels à sa memoire, si tout l'Vnivers en est le Temple, ou la Renommée de ses perfections, obligera la Posterité autant de fois qu'il y aura des siecles, d'y faire des nouveaux sacrifices, ou de respect, ou d'admiration. Certes la gloire qu'elle s'est acquise, pour meriter celle qu'elle possede, est si rare, que quoy qu'on n'en puisse jamais parler qu'avec ravissement, ces termes d'extaze n'en sçauroient exprimer que la moindre partie.

Ne nous flatons point dans vn mal incurable, le ressentiment qui nous en demeure ne se peut soulager. Ie veux que les Dieux mesmes decendent du Ciel en terre pour y pleurer avec nous, comme ils firent autre-fois aux funerailles d'Achille, & que les Muses parees de nostre dueil, n'ayent plus de voix que pour seruir d'echó à nos cris; quand toutes ces fables ne le seroient pas; & que nous verrions les effectz de ces paroles, nostre affliction en demeureroit tousiours à son dernier poinct d'extremité, parce que la cause en est si iuste, & si inthime à nos sentimens, que nous ne debuons plus aymer la vie doresen-avant, que pour temoigner sans cesse, par nos plaintes continuelles, le regret que nous avons de cette mort.

Il faut faire voir avec estonnement aux siecles à venir que celluy cy est l'unique, ou nostre douleur a triomphé du temps. Le Monde à veu mourir son Alexandre, & à peine at-il eu soing de la memoire de son trepas.

Troye

Troye à celebré les funerailles de ſon Priam,& de peur d'eſtre obligee de conſerver dans les ruines de ſes murailles, celles du tombeau de ce Prince, elle-meſme s'eſt enſevelie dans l'abyſme de ſon malheur. Cartage a ſurvecu long temps ſon Anibal pour nous perſuader qu'elle fut bien toſt conſolee de ſon trépas. Si Rome à perdu deux Ceſars,elle nous à temoigné auſſi par deux fois,que le meſme feu qui reduiſoit leurs corps en cendres auoit le pouvoir d'eſſuyer ſes pleurs. Diſons encore que tous les inſtãs des ſiecles paſſez aurõt fait des vefues & des orphelins en tous les lieux de la terre, & que tout ce mõde d'affligez aura mandié du tẽps les remedes de ſes bleſſures. Laiſſons donc céte honte à tous ceux qui nous ont devancez de n'auoir ſçeu eterniſer dans leurs ames, la memoire d'vne iuſte affliction, & ſervons d'exemple à ceux qui viendront apres nous, pour grauer dans leurs cœurs en lettres de feu, affin que leurs cendres en conſervent inceſſament les caracteres, la verité de noſtre douleur. Que ſi la Mort qui ſeconde le Temps pour l'obliger à garder le ſerment ſolemnel qu'il à fait de ruiner toutes choſes,liure la guerre iuſques à nos penſees, reſiſtons luy aumoins de bonne heure, en faiſant repreſenter ſur tous les marbres de la terre,le deffaut de noſtre pouuoir & la perfection de noſtre zele. De moy i'ay fait deſſain de vous faire voir vn Mauſolee ſi rare en invention, ſi beau en induſtrie, ſi riche en matiere, ſi merveilleux en ſes parties, & ſi miraculeux en ſon tout, qu'on peut deffier tout à la fois, & la nature de monter plus hault,& lart de paſſer plus oultre.

Ne ſera t'il pas rare en invention;ſi le Berceau de céte Princeſſe me ſert de fondement; en pourroit on faire vn plus beau en induſtrie;celle des hommes ſera contrainte de s'ensevelir dedans pour cacher sa foiblesse ou sa hõte; De quelle plus riche matiere sçauroit on le bastir : toutes les vertus ensemble y serõt mises en employ. Quelle merveille pourra s'egaler à celle qu'il contient : le Soleil qui voit tout, ne peut rien veoir qui luy ressemble ; & quel autre Miracle de nature pouroit elle-mesme faire esclatter au jour, si par ce Tõbeau elle donne des bornes & des limites à l'empire des Ans,dõt la tyrannie destruit ses plus beaux ouvrages.

Ouy le Berceau de céte Princesse servira de fondement à ce Mausolee, puis que sa naissance en a jetté la premiere pierre. Il est vray l'art & l'industrie des hommes y parestrõt ensevelis:car il porte avec soy son esclat & son lustre. Les vertus dis-je y seront mises en employ : parce que toutes ensemble ont precipité le trepas de céte Princesse,ne pouvant la couronner qu'au bout de sa cariere. On sera contraint sans doubte, de confesser que ce bel astre qui esclaire le monde, n'y a jamais rien veu de pareil : d'autant qu'il est remply de reliques qu'on ne peut mettre à pris,sans profaner la veneration qui leur est propre. En fin tous demeureront d'accord que l'ouvrage de ce Tõbeau que je vous presente, passera pour vn miracle icy bas, puis que la Mort s'y voit vaincue au milieu de ses triomphes.

Ie veux soutenir encore hardiment que ce Mausolee sera rare en invention sans exemple, puis que je le bastis à l'espreuve des siecles. Qu'il sera vniquement beau en industrie ; si l'art ne s'en peut plus immiter. Qu'il sera riche hors d'estime,puis que la Gloire mesme en est le prix. Qu'il sera merveilleux au de la de nos pensees: si c'est trop peu que de l'admirer. Et qu'il sera de mesme trop miraculeux pour comprendre les miste-

res

res qu'il contient, puis que les Vertus en sont les seuls artisans, apres en auoir fourny la matiere.

Ne croyez dōc pas que ce Mausolee aye du raport & de la ressemblance à celluy de Carie, ou l'art s'efforçeoit d'y ensevelir la gloire de la nature, pour emporter le prix, dont ils sont encore en dispute, en y faisant parestre à leur jour, tous ses chef-d'œuvres; soit dās la superbe hauteur de colomnes de marbre, & de bronse; soit dās la merveilleuse beauté des Statues de cuivre, & d'ivoire, enrichies d'or, de perles, & de pierres pretieuses. C'estoit vn autel de vanité que le temps à pris plaisir de destruire, avec tous les idolatres qui y aportoient de lencens par leur admiration profane.

Ce Mausolee est d'une autre nature, puis que le Ciel en est le fondement: l'Eternité les Colomnes; les Vices vaincus, & enchesnez les Statues; & que la Vertu seule dans son throsne, y donne le prix de l'or, des perles, & des pierres pretieuses, comme environee d'vn esclat nompareil. Tirez donc le Rideau, il est temps que je vous face admirer les effects de mes paroles.

Tout le monde sçait que l'Aigle portoit vne Couronne de Lis dans son bec, pour couronner en naissant cette parfaite Princesse, comme issuë d'vne Race egalement Auguste & Royalle.

Race d'Austriche, aussi fameuse en Sainteté, qu'en Puissance, Race de Valois, dont la gloire plus esclatante que le Soleil dans la memoire des hommes, defie tous les jours le temps de devorer son Renom. De vous dire, L'astre benin qui presida à sa naissance, je vous aprendray seullement, sans avoir estudié en Astrologie, que jamais Horoscope n'a contenu dans sa figure plus de signes de felicité, de grandeur, & de vertu, que les Astrologues en ont admiré dans la sienne : De vous marquer aussi le iour auquel le Ciel fit ce magnifique present à la Terre, pour servir d'hornement à deux siecles, & de memoire à tous ensemble, il suffit que les Calandriers le marquent de rouge, comme vne feste publique, & d'allegresse, & de bon-heur. Son Berceau fut esclairé d'vn nombre infiny de feux de ioye dont les flammes ne s'esteindront iamais : car comme l'ardeur du zele de ses sujets les avoit allumees, céte source produisant sans cesse des ruisseaux de mesme nature ; n'est il pas croyable que tous les cœurs brulent encore de ce mesme feu, ne pouuant oublier la memoire d'vne si iuste allegresse. Que vous diray-ie de son enfance si ce n'est qu'au mesme temps que sa bouche succeoit le laict, le Ciel sans doubte nourrissoit son ame de benedictions & de graces : de sorte qu'on pouvoit desia presager en son admiration, la grandeur de sa vertu & celle de sa gloire ; comme si les traits & les lineamens de son visage, en eussent esté les augures & les propheties. Ses premieres annees ne peurent donner que des belles esperances des merveilles qu'elle prometoit, & deslors qu'elle sçeut parler, ses discours autorisant peu à peu ses promesses, sa raison en fit encore des nouvelles dont elle-mesme fut caution. En effect deslors qu'elle eut attaint l'age de iugement, elle donna tout à coup tant de preuves de sa force, que ses conseils passerent bien-tost pour vne loy de necessité.

Le Roy son Pere PHILIPPE II. de tres-heureuse memoire, voulut estre des derniers à cognoistre le merite de céte jeune Princesse pour s'acquitter le plus tard qu'il pouvoit des loüanges qui luy estoit deues, puis que l'esclat de la gloire en rejalissoit sur luy : mais estant forcé

par

par l'approbation publique, d'eſtimer egalement & ſon eſprit, & ſa vertu, celle-cy l'obligea de ſe ſervir de l'autre, ne pouvant faillir en ce choix.

Ce fut alors que céte Princeſſe temoigna dans la rencontre des affaires les plus epineuſes de quel poix eſtoient ſes opinions, & de quel prix ſa prudence, ſe faiſant admirer par force de ceux que la vielleſſe rendoit jaloux de la grandeur de ſon jugement, dans l'age ou elle reſpiroit encore: De ſorte que le Roy ſon Pere prit plaiſir de l'inſtruire pour l'ellever au comble de la gloire, dont elle auoit deſia jetté de ſi ſolides fondemens.

Cependant le meſme ſoleil qui ne trouvoit jamais de couchant ſur les terres de cét Empire d'Auſtriche, eſtoit temoing des louanges qu'on donnoit à céte Princeſſe, dont la conqueſte terminoit l'ambition de tous les plus grands Monarques de l'Vnivers, s'immaginant, qu'avec ce ſeul Threſor, tous ceux de la terre n'eſgaleroient jamais le prix de leurs richeſſes. Mais on avoit beau faire des veux au Ciel, pour parvenir à céte alliance, il voulut choiſir vn Prince dont la Pieté ſe peut egaller à la Grandeur, & toutes ſes autres Vertus, à la Nobleſſe de ſa Race.

Ce fut ce Grand ALBERT, ſurnommé le Pieux, de tres-heureuſe memoire; Et quoy qu'il fut deſia comme deſtiné à ſervir d'ornement & de flambeau à l'Egliſe, par le ſeul exemple de ſes actions, il changea ſa qualité de Cardinal avec celle d'Archiduc; mais à deſſain ſans doute de gouverner ſes ſujetz, avec la meſme juſtice qu'il reigloit ſes paſſions, ſe donnant de la ſorte au Publicq, pour treuver ſon repos dans vne ſi charitable inquietude. Tellemẽt que céte Chere Infante d'Eſpaigne le souhait de tous les Roys de la terre, luy fut en fin donnee pour Espouse, portant avec elle, pour vn particulier Douaire, toutes les felicitez de son siecle.

Iamais Bruxelles n'avoit veu luire dans ses ruës tant des feux de joye, ny esclater plus de magnificence, qu'au jour de l'entree de ces Altesses Serenissimes. Le bruit de l'allegresse du peuple resonnoit aussi haut que celluy des canons, & les plus mal-heureux cessoient de se plaindre de la fortune, esperant de gouter dans leur regne, toutes les douceurs que la Iustice & la Paix peuvent produire ensemble.

Certes on pouvoit dire de leur Court, que c'estoit vn Temple ou l'on ne sacrifioit qu'a la Vertu. Iamais la Pieté ny avoit veu tant d'autels chargez d'encens, & la Iustice qui regne à intervales dans les empires, y estoit assise sur le mesme throsne d'yvoire, qu'elle avoit lors qu'elle s'envola dans le Ciel. Sans mentir, durant leur Regne tousiours fleurissant, Bruxelles pouvoit porter le surnom d'vn nouveau Paradis terrestre, puis que le vice en estoit le seul fruit deffendu. Les Roys & les Princes voisins, admiroient les felicitez d'vn tel Hymenee; & quoy que le Ciel permit qu'il fut sterile, leurs actions continuelles de charité, de misericorde, & de justice, estoient autant de fruitz d'vne generation immortelle, qui jettoient des nouveaux fondemens de l'eternité de leur Race, & sur la terre, & dans le Ciel.

Ie ne veux point icy representer les Perfections de ce Grand Archiduc ALBERT, puis qu'en l'histoire memorable qu'on a faite de sa Vie, elles y sont depeintes au naturel, chacune dans son throsne. Il me suffit de vous ramentevoir la qualité qu'il portoit d'Espoux de céte

céte adorable ISABELLE, de céte merveilleuſe CLAIRE, & de céte miraculeuſe EVGENIE d'Auſtriche, tres-chere Infante d'Eſpaigne, pour vous faire cognoitre parfaitement la grandeur de ſon merite : car ayant eu l'honneur de poſſeder céte Princeſſe, il pouvoit voir ſans vanité au deſſoubz de luy, tout ce qui l'eſtoit ſoubz le ſoleil.

Toutes-fois, quelque grande que fut ſa felicité & ſon contentement, ſon ame qui ne reſpiroit que l'eternité, n'ayant eſté crée que pour elle, prend en fin ſon dernier eſſor vers le Ciel, affin d'en poſſeder la gloire ; & quoy que l'age ne le pouſſat pas avec violance dans le tombeau, ſes veux exaucez luy en firent ouvrir la porte. Mais comme ſa vie avoit ſervy d'exemple aux plus ſages, ſa mort ſervit de-meſme d'inſtruction aux plus parfaitz : De ſorte que de cét argument, on peut tirer vne conſequence neceſſaire de la felicité eternelle dont il jouit.

Ce fut dans céte perte ou noſtre Grande Princeſſe eut beſoing de toute ſa conſtance, pour la ſouffrir ſans murmurer : car comme la fortune ne pouvoit avoir priſe ſur elle, que de ce coſté la, la cruelle attainte qu'elle en reçeut, la bleſſa juſques à la mort, puis qu'elle en mourut mille fois de douleur ; que ſi elle luy ſurvecut toutes-fois ; le Ciel en permit le miracle, pour nous faire admirer les nouvelles merveilles qu'elle nous prometoit.

Il eſt vray, qu'a la fin ſa Prudence eſſuya ſes larmes, pour faire tarir celle de ſes ſujetz, puis que le ſeul exemple de ſa conſolation pouvoit ſervir de ſoulagement aux ames les plus affligees ; & ſon amour charitable luy aprit ce pareil artifice, de cacher ſon ennuy dans ſon cœur & de porter la joye sur le visage, comme le seul oracle que le peuple consultoit des yeux tous les jours, pour aprandre ses bonnes & ses mauvaises fortunes. Ce qu'elle fit de bonne grace; rendant muette sa douleur, pour donner cesse aux plaintes de ses sujetz.

Mais comme elle preueut de bonne heure que la tristesse qu'elle auoit, du trespas de son epoux dureroit autant qu'elle, elle se resolut d'en porter les liurees iusques au tombeau, & de ne faire jamais quitter le dueil à son corps, puis que son ame en estoit toute plaine.

Aprez qu'elle se fut dignement acquittee de tous les debuoirs de pieté, & d'honneur, dont elle se sentoit redevable, & pour son salut, & pour ses funerailles, ayant fait celebrer en diverses eglises, ou chapelles, iusques au nombre de quarante mille Messes, & employé à la Pompe funebre de son enterrement plus d'vn Milion de liures, elle se mit en peine d'executer son testament; comme si elle eut voulu prendre sa memoire à temoing qu'elle luy obeissoit apres sa mort, auec le mesme respect qu'elle luy auoit rendu durant sa vie.

Ce pendant la cognoissance particuliere qu'elle auoit des vanitez du siecle, la portoit si auant dans leur mespris, qu'elle estoit puissamment tentee de se jetter dans vn cloistre; Et comme la ressemblance est la mere des affections, celle qu'elle conservoit encore à son Espoux, l'obligeoit pour l'imiter de quitter de la sorte le monde, puis qu'il n'y estoit plus; Mais sa vertu ce coup la, trahit ses dessains: car aprez luy en auoir donné le desir, elle mesme fut cause qu'elle en perdit l'esperance, s'estant trop decouverte en se voulant cacher.

Tout le Peuple pourtant à l'armé de ce bruit, en viët jusques aux cris, & aux larmes, croyant des-ja qu'il n'y a plus a plus de ſalut pour luy, ſi céte ſage Princeſſe abandonne le timon de ſon vaiſſeau. Chacun luy repreſente le danger ou ſa retraite engage ſes ſujetz & ſes Provinces: & d'ailleurs ayant fait intervenir les prieres toutes puiſſantes de ſa Majeſté Catholique, elle ſe reſolut, aprez mille combatz, de mourir les armes à la main, & de porter ſa croix en portant ſa couronne, puis qu'elle eſtoit entouree d'autant d'eſpines, quelle luy debuoit donner des ſoings.

Deſlors qu'elle eut determiné de ſuiure ce conſeil, elle fit vn Cloiſtre de ſon Palais, & ſes actions toutes dignes de memoire, en furent bientoſt les reigles auſteres, dont elle ne ſe diſpenſa jamais: De ſorte qu'elle viuoit en religieuſe dans ſa Court, ou le ſeul exemple de ſa vertu ſervoit de loy pour y condemner le vice.

D'abord elle prit a tache le ſoing des orphelins, & des vefues, reiglant les finances à la meſure de ſa charité, plutoſt qu'a celle des neceſſitez de ſa maiſon, & les deniers de la depence de ſa propre table n'eſtoient liurez le plus ſouvent, qu'aprez le payement de leurs penſions; comme ſi elle n'eut peu auoir d'appetit qu'en ſçachant que tous ces pauvres ne pouvoient auoir faim.

Son ſecond eſtude fut de maintenir le peuple dans leurs anciens privilleges, affin de ſe les adſujettir d'avantage en leur conſervant céte liberté; & comme elle deſiroit encore de regner dans leurs cœurs, auſſi bien que dans leurs eſpritz, elle ſe ſacrifioit publiquemẽt, par ſes veilles continuelles, au ſoing de leur conſervation.

Mais ie ne prends pas garde que quelque ordre que j'obſerue, & que ie ſuiue, dans le deſſain que ie m'eſtois

ſtois propoſé, ie ne laiſſe pas de m' eſgarer & de me perdre, ne ſçachant plus tantoſt ou i'en ſuis, n'y qu'elle route je doibs prendre. Ie veux parler des merveilles d'vne vie, qui en eſt toute plaine, & dont les momens ont eſté ſi pretieux, que chacun portoit ſon authorité, dãs ſon employ neceſſere. I'entreprẽs de publier le merite d'vne Princeſſe, qui poſſedoit autant de perfectiõs qu'elle à eu des penſees, & dont la gloire pour eſtre trop admirable, n'à jamais eſté cognue. I'ay reſolu diſ-je de vous ramantevoir toutes les louanges qui luy ſont deues; & ie ne conſidere pas que je m'oublie moy meſme dans céte reſolution, puis que l'excez de ſa louange, me blaſme deſia de l'avoir entrepris. Toutes-fois ie veux tirer vanité de ma foibleſſe dans vne entrepriſe, ou la puiſſance des hommes pareſtra touſiours inutille; & ſouttenir encore publiquement que mon ignorence eſt neceſſere, ayant à traiter d'vn ſujet, qui ne le peut eſtre d'vne plume, comme infiniment ellevé au deſſus.

Ie prens donc la hardieſſe de faire le Portrait de céte Incomparable Infante, & de vous repreſenter toutes les qualitez de ſon Eſprit, & toutes les vertus de ſon Ame, non pas dans cet eſclat ordinaire qui les environnoit: & moins encore dans cet eminet degré de perfection ou le Ciel & la Nature les auoient ellevees pour les faire admirer d'vn chacun, & adorer de tous enſemble, mais plutoſt ſelon l'induſtrie de mon pinceau, & la portee de ma cognoiſſance, puis que l'objet eſt egalement hors de viſee, & aux diſcours, & aux pẽſees.

Ie ſçay bien que je m'expoſe a des reproches publiques eſtant ſi temerere que de vouloir peindre ce Soleil avec vn charbon; mais comme en la Sphere tous

ces

ces vaſtes eſpaces des cieux ſont renfermez dans divers petits cercles, qui nous en marquent l'eſtendue. Ie veux de meſme repreſenter les qualitez adorables de céte grande Princeſſe, par vn cerde de Dedale, ou ie me ſeray perdu, par ce que en faiſant voir ma confuſion & mon deſordre, on admirera à meſme temps la grandeur du ſujet qui m'aura reduit en ce point. Et puis, ne me ſera ce pas beaucoup de gloire d'eſtre precipité des Cieux; non pas comme vn Ichare, pour auoir voulu conduire le char d'Apollon: Car mon genie eſt occupé maintenant à des plus hautes penſees; mais bien comme vn autre Promethee, pour auoir derrobé le feu du Ciel, ie veux dire la lumiere qui me fait beſoing pour parachever cét ouvrage. Il faut touſiours tenter le peril ou l'Honneur ſert de guide.

Quel raport toutes-fois y peut il auoir d'vn Portrait, avec vn Mauſolee; quelle aparance de repreſenter ſouz le nom d'vn Tombeau, le merite d'vne Princeſſe qui en eſt exempte. Sa vie ne nous parloit que de l'Eternité; ne faut il pas que ma plume ſoit l'echó de ſes paroles, & qu'elle publie ſur ce meſme ton le merveilles qu'elle a faictes, pour en acquerir les felicitez. D'ailleurs ſes beaux iours, n'ont rien eu de funeſte, puis que meſme leur dernier inſtant qui marquoit ſon treſpas, la rendue Immortelle.

Ie trouve pourtant beaucoup de raiſon dans mon entrepriſe: Car ſi i'apelle Mauſolee cét Ouvrage, ie me ſuis ſervy de ce nom de Merveille, pour vous en repreſenter vne autre. Il eſt vray que ce nom à quelque choſe de funeſte; mais comme on ne peut cognoitre l'Immortalité que par la Mort, ie veux vous faire voir dans le tombeau de céte Divine Infante, le meſme throſne de gloire que ses seulles vertus luy ont erigé; & de la sorte tirer de ses cendres vn feu si esclatant, qu'il puisse seruir de Phare à tous les mortels, pour euitter les ecueils d'vne honteuse sepulture. Ie vay donc plus avant.

La premiere qualité de l'esprit de céte Princesse estoit la Bonté; c'estoit la trempe de sa nature, d'ou ses desirs & ses pensees, ses discours & ses actions, tiroient leur force & leur vertu, pour marquer leur visee à ce mesme objet, revenant tous-jours comme les ruisseaus, dans la source d'ou ils procedent. Céte bonté qui de son propre se communique pour faire ressentir ses effects, obligeoit céte Princesse à excuser les deffautz d'autruy, & à faire punir les coupables le plus tard qu'elle pouvoit; comme ayant tous-jours de la peine à croire qu'ils le fussent, selon les sentimens de sa conscience.

Son Esprit avoit encore la subtilité en lumiere, pour cognoitre d'abord les dessains & les intentions des personnes; mais quelque cognoissance qu'elle en eut, elle ne determinoit jamais son jugement à les condemner, se meffiant tous-jours d'elle mesme en céte action ou il y aloit de l'interest de son prochain: De sorte qu'elle ne se servoit de ce flambeau, que pour eclairer ses resolutions & ses pensees au gouvernement de ses sujetz, & à l'instruction particuliere qu'elle leur donnoit par son propre exemple.

La Vigilance estoit aussy inseparable de son Esprit, ne se relaçhant jamais de son travail ordinaire; non pas mesme dans le sommeil: car souvent elle songeoit ce qu'elle avoit pensé; tant elle s'abandonoit aux soings des affaires publiques: imitant en cella le Soleil, dont le repos git à n'en avoir point.

Com-

Combien de fois la ton veue passer des nuicts entieres pour depecher des couriers sur des affaires d'importance, aprez avoir employé tout le iour precedent à donner ses audiences publiques; comme si elle eut esté resolue à ne viure que pour autruy, hors de l'interest de sa conscience, se donnant toute entiere au soing qu'elle prenoit de son peuple, affin d'estre toute à soy.

Sa Memoire avoit vne vertu toute particuliere dans son excellence, qui faisoit voir les graces dont le Ciel avoit pris plaisir de l'orner: car céte Princesse n'oublioit jamais son debvoir, dans les diverses rencontres des saisons, des lieux, & des affaires: De sorte que les images des choses, dont elle debvoit conserver le souvenir, ne s'effaceoient jamais de sa memoire, si le temps ne les rendoit inutilles.

Son Iugement estoit à l'espreuve de tous les accidens de la fortune, demeurãt tousiours fermé dans son assiete sans se mouvoir que pour agir vtilement, estant capable par sa force, & par sa lumiere de prevoir la fin des affaires les plus importãtes, dans leur premier acheminemẽt & de ces veritez, la tranquilité de son regne en peut produire autant de temoins, que ses annees ont de jours.

Sa volonté ayant tousiours le bien pour objet s'estoit tellement habituee à le suivre, qu'elle n'avoit plus de peine à surmonter les tentations, quoy qu'elle eut d'autant plus de merite, puis que sans combat elle triomphoit continuellement dans sa premiere victoire.

De vous representer la grãdeur de sa Foy cét vn objet aussy divin que sa cause, il me sufit de vous ramantevoir que comme c'est vn don de Dieu, elle contribuoit toute sa puissance pour se disposer d'en reçevoir les graces; De sorte qu'elles reluisoient en cela avec tant d'esclat que du ſeul rejaliſſement de leur lumiere publique, le Ciel en illuminoit ſouvent des auveugles humiliez.

Céte Vertu toute celeſte, dont le fondement eſt celuy la meſme de l'Egliſe, eſtoit aſiſe ſur ſon throſne dans l'ame de céte Princeſſe, ayant pour fidelles ſujetz, ſes penſees, ſes deſirs, & ſes eſperances. C'eſtoit céte vertu qui l'avoit rendue ſi ſçavante, en la cognoiſſance de ſes divins miſteres dans l'eſcole de l'humilité, que ſans autre eſtude que celluy de ſa ſoubzmiſſion, elle n'ignoroit rien de tout ce qui eſtoit neceſſere de ſçavoir pour ſon ſalut,

La Foy eſt vne grace toute de lumiere que Dieu infuſe dans l'entendement pour l'eſclairer, lumiere ſi eſclatante que la raiſon en demeure offuſquee & les ſens eblouis,& toutesfois la raiſon obeiſſante dans ſon aveuglement, ſe laiſſe conduire par la verité qu'elle adore, ſans la cognoitre: je dy ſans la cognoitre,puis qu'elle tire ſa perfection dans ſon humilité,de céte meſcognoiſſance. S. Iean apelle céte vertu Toute-puiſſante; & en effect comme Dieu meſme eſt ſon bras, & ſa force, les pierres les plus dures s'amoliſſent pour ſubir le joug de ſes loix.

Quels miracles qu'vn pauvre Cordonier d'Armenie, aye le credit de faire reculer vne montaigne par le ſeul vent de ſa parole : Que Ioſué en face de meſme du Soleil,ſans troubler l'ordre de la nature, dont cét aſtre eſt la reigle & le compas: Et que Moyſe diviſe les ondes & les flotz de la mer pour executer ſon entrepriſe. Tout flechit ſoubz le pouvoir de la Foy,l'enfer eſt auſſy ſouple que la nature,puis que les Demons l'y obeiſſent,demeſme que les Rochers.

„ Tu mes l'vn & l'autre; ô doux IESVS, diſoit S. Bernard,

nard, & le Miroir pour souffrir, & la Couronne pour «
mes peynnes. Ta Foy nous determine tout à la fois & «
le lieu du combat, & le temps de la victoire: car nous «
sommez en ce monde comme dans vn champ de ba- «
taille, ou tu as voulu mourir les armes à la main, & qui- «
conque ne vangera ton sang innocent, du sien propre, à «
l'aide de céte foy, dont tu apuyes nostre foiblesse, & «
animes nostre courage, il renonce à l'vtilité de ton «
triomphe Glorieux.

O que ces divines paroles estoient gravees biẽ-avant dans le cœur de céte Princesse, puis qu'avec les seules armes de sa Foy, elle avoit assujety toutes les vanitez du monde soubz l'empire de sa raison. Tellement que si l'ocasion du Martyre se fut offerte, son cœur qui en estoit continuelement de volonté, & l'autel, & l'hostie, eut fait voir par ses derniers soupirs, que la foy les luy arrachoit des entrailles, puis qu'il ne mouroit que pour elle.

Ce grand repos d'esprit, dont elle jouissoit dans tous les divers accidents qui pouvoient l'accueillir n'avoit point d'autre assiete sans doubte, que celle de la foy, par ce qu'à l'aide de sa lumiere elle voyoit tous les mal-heurs dans l'ordre du temps: ou céte divine Providence les rẽdoit necessaires: De sorte qu'au lieu de l'affliger ils luy servoient d'ordinaire de sujet de consolation. Ie suivray vne autre route pour vous faire admirer des nouvelles veritez.

Comment parleray-je maintenant de ses vertus, si toutes ensemble, quoy que differantes, estoient élevees en vn mesme degré de perfection. Sa Pieté egaloit sa Iustice, sa Charité se pouvoit comparer à sa Sagesse, & son Humilité avoit beaucoup de raport avec sa Conſtance. Il me ſemble que je me trouve au milieu d'vn Parterre,nouvellement paré,& enrichy , de mille fleurs toutes differantes en beauté,en eſclat, & en luſtre,mais toutes pourtãt égalemẽt admirables. Car ſi l'vne arrette mes yeux avec le doux apas de ſa belle couleur , l'autre m'embaume ſi fort par les ſenteurs qu'elle me jette au nez,que je ſuis à la fin contraint pour la remercier de la ſaluer de mes regardz , & d'admirer à meſme temps le luſtre brillant de ſa pourpre. Celle-la me renvoye les meſmes rayons que le Soleil darde ſur elle , affin que tournant la vue de ſon coté je ſois juge de l'eſclat, dont elle m'éblouit ſans viollance, avec celluy de la lumiere qui l'environne, comme diſputant le prix. Et celle-cy differente en beauté; quoy que parfaictement belle en ſon eſpece, me contraint encore à force de nouveaux attraitz,de l'eſtimer également avec les autres.

De-meſme puis-je dire maintenant dans le deſſain que je fais de publier les vertus de céte Incomparable Infante, que toutes à la fois attirent également , & mes reſpectz & mon admiration : car ſans mentir ſi l'vne me ravit l'autre m'eſtonne: Si celle-la m'oblige de l'adorer,celle-cy, me contraint à meſme temps de luy faire des ſacrifices. Tellement que je ſuis reſolu d'eriger des autels à la memoire immortelle de toutes enſemble , & d'y preſenter deſſus pour offrande,la confeſſion publique de leur Divinité , dans la reſſemblãce de leurs perfections non-pareilles & inimitables.Mais pour parachever cependant mon deſſain, je ſuivray l'ordre de mes penſees.

L'Eminente vertu de Pieté , dont céte Princeſſe eſtoit douee, ſervoit encore de baſe & de fondement à toutes les autres , dans les actions ou elle debvoient eſtre

estre en exercice, Pieté vrayment incomparable & digne de la gloire, qui luy sert de couronne.

Il n'est point de Temple consacré à la verité eternelle de nostre Vnique Religiõ dans tous les Pays-bas, ou céte Princesse n'ayt mis vne pierre de fondement, ou de retablissement par ses liberalitez Royalles; & l'on remarque avec admiration, que son Regne Florissant a esté celluy-la mesme de l'Eglise, puis qu'elle ne portoit de Sceptre & de Couronne, que pour rendre absolue, & souveraine, l'authorité de ses Decretz.

Qui pourroit tenir conte de l'argent qu'elle a employé au bastiment de divers Monasteres, ou son Nom Glorieux est gravé si avant dans l'Eternité, qu'elle seule en peut effacer les caracteres. Le Cloistre des Dames de la Nontiade est vn des premiers fondemens sur lequel sa Pieté a voulu bastir à l'espreuve des siecles. N'est il pas croyable encore que céte Eglise des Carmelines, si magnifique & si somptueuse fait resõner sans cesse dans le creux de ses belles voutes le Renom Immortel de céte Incomparable Princesse, ayant semé sur ce terrouer vn nombre infiny de fleurs, dont l'esclat ne se ternira jamais, & dont les fruitz servent de sujet, d'admiration aux Anges, aussi bien qu'aux Hommes.

La Nouvelle Eglise des Carmes-dechausez, est vn Nouveau temoing de céte mesme Pieté qui reluisoit si vifvement en elle. Et celle des Capucins dans sa pauvreté ordinaire, estalle au jour les riches marques de céte main Royalle, je veux dire de céte Grande Infante, qui aprez l'avoir bastie, & appuyee, fondoit des secretes rentes dans son esprit, par la resolution qu'elle en faisoit, pour en nourrir les Religieux.

Céte fameuse Eglise de Iesuistes élevee jusques aux

nues, à la Gloire Immortelle de Celluy qui tient son throne au dessus, en faisant esclatter ses magnificences aux yeux des estrangers, les attire à l'admiration des liberalitez de céte Pieuse Princesse, comme ayant contribué de beaucoup à la despence des plus riches ornemens.

Ie ne parleray point du present qu'elle fit aux Cordeliers pour la reparation de leur Convent, & de leur Eglise, il me suffit que ce mesme Temple en soit vn nouveau de memoire pour en eterniser le souvenir. Ie ne publieray point la liberalité qu'elle exerça envers les Minimes, pour les establir dans sa Ville de Bruxelles, & leur donner le moyen de s'y maintenir, par ce que la gloire de céte action sera aussy eternele que la charité qui la produite. Ie passeray aussy soubz silence le bien qu'elle a fait aux Augustins, affin de leur donner courage de parachever le magnifique bastiment de leur Eglise, puis que chaque pierre en est vne d'attante pour porter gravé sur le front, la recognoissance de ces Bien-faitz.

Mais comme céte Pieté qu'on adoroit si dignement en elle, avoit beaucoup de raport dans sa grandeur, avec la Divinité de sa Cause, elle s'efforceoit d'estandre ses bornes & ses limites aussy loing que ses desirs. Tellement que céte Princesse en produisoit les effectz en divers lieux.

L'Eglise de nostre Dame de Mont-Aigue, digne ouvrage de céte grande Pieté qu'on admiroit tousiours en elle avec estonnement, public par la voix des miracles qui s'y font tous les jours. Que le Ciel cherit particulierement la memoire de céte grande Infante, comme Fondatrice d'vn Temple si fameux en Sainteté.

Les

Les Echos de l'Hermitage ſolitaire qu'elle fit baſtir auprez de Namur pour les Carmes-dechauſſez, ne parlent jamais d'autre choſe que de ſa Pieté. Et la deſpence du batiment de Botendal, qui eſt vn Convent des Cordeliers, fait encore Foy aujourd'huy par le nombre d'Artiſans qui y travaillent, comme céte Princeſſe, ne s'occupoit qu'à baſtir de la ſorte ſur la terre, pour tacher à ſe bien loger dans le Ciel.

Ie ne vous diray pas le nombre des Hoſpitaux qu'elle a fondez & rentez, & moins encore les riches preſens dont elle a orné beaucoup de Chapelles. Parce que s'eſtoient ſes penſees, ou ſes actions ordinaires, dont elle ne ſe relachoit jamais. Il me ſemble qu'il n'eſt pas neceſſaire auſſy de parler de céte Robe toute de pierreries qu'elle donna à Noſtre Dame de Lorete, quoy que ce ſoit vn de plus riches Preſens qui ſe puiſſe jamais faire, d'autant que céte verité reluit plus vifvement dans la memoire des hommes, que ces pierres pretieuſes n'eſclatent à leurs yeux.

De quelles nouvelles liberalitez, n'at elle pas encore orné & enrichy les Egliſes de Noſtre Dame de Foy, de Noſtre Dame de Hault, de Noſtre Dame de Bon Succez, de Noſtre Dame du Lac, & de Noſtre Dame de Secours: ce ſont des œuvres de pieté qui peuvent tenir rang de merveille en noſtre ſiecle, comme eſtant hors de comparaiſon.

Ne croyez pas toutes-fois que la Pieté de céte Princeſſe ſoit bornee à ce point la, elle a fait mille autres actions de pareille eſtime, dont elle a pris ſeulement le Ciel pour temoing, affin que luy-meſme fut vn jour ſa recompenſe.

O qu'il y avoit de plaiſir à la voir dans les ruës, tantoſt à la ſuitte de la Proceſſion des penitens, ou le long chemin qu'elle faiſoit à pied, luy ſervoit de croix & de penitence. Tantoſt à la ſuitte d'vne autre Proceſſion, ou douze Pucelles, dotees de ſes liberalitez marchoient devant elle, comme autant de Trompettes de ſa renommee, puis que dans leur ſilence meſme, elles en faiſoient eſclatter le bruit par tout. Elle ne manquoit jamais de ſe treuver à la Proceſſion du S. Sacrement des Miracles, quoy que le chemin en fut grandement penible par ſa longueur. Et ſans mentir on peut ſe perſuader que la foy & le reſpect qui animoient également, & ſon cœur & ſon ame, en ce debvoir de Pieté, faiſoient vn nouveau Miracle viſible en elle, luy rendant toute la force que l'age luy oſtoit, pour parachever heureuſement ſa courſe.

Combien de fois ay-je eu l'honneur de la rencontrer de la ſorte par les ruës en divers temps, ou de froid, ou chaud, ſans qu'elle fut emue de toutes ſes incommoditez, comme ſi elle eut eſté inſenſible à leurs attaintes. Mais en cela il eſt croyable que la Sainteté de ſon zele temperoit l'air qui l'environnoit, & que ſi elle ſouffroit quelque choſe, ce ne pouvoit eſtre que de la compaſſion d'autruy, comme vn reſſentiment qui luy eſtoit propre.

Il faut maintenant que je m'arrette au milieu de céte cariere, & que je laiſſe vne continuelle admiration à vos penſées d'vn nombre infiny d'autres actions de Pieté, dont céte Princeſſe a voulu oſter la cognoiſſance au mõde, puis qu'il ny avoit nulle ſorte d'intereſt. De moy je m'immagine encore qu'aprez les avoir faictes elle en perdoit la ſouvenir, & qu'elle n'avoit plus de memoire de la en avant, que pour les choſes qu'elle debvoit faire.

Mais

Mais ce n'eſt pas tout d'avoir publié les Merveilles de ſa Pieté, je veux encore vous en faire voir les Miracles. Repreſentez vous donc que l'exemple de céte Vertu en avoit vne ſi puiſſante, que du ſeul bruit de ſa Renommee elle convertiſſoit ſouvent de ſes ſujetz revoltez, aprez leur avoir donné l'envie de ſubir les loix de ſon Empire, pour gouter les douceurs de ſon Regne. Nouveau miracle encore, que de toutes les Dames de ſon Palais, la plus grande partie n'ayt ſouhaité d'en ſortir, que pour entrer dans vn Cloiſtre, comme ſi elles n'avoient ſervy céte Princeſſe qu'aux gages de ſa Pieté pour s'enrichir eternellement, puis qu'elle leur avoit ſi bien apris l'art de meſpriſer les vanitez du monde.

De vous dire le ſoing qu'elle prenoit d'ouir la parolle de Dieu, & d'aſſiſter journellement à tous les Divins Offices qui ſe celebroient dans l'Egliſe de ſon Palais, céte verité eſt auſſy publique que ſa Reputation, puis que tout le monde enſemble en pouvoit eſtre temoing. Pour les ordinaires exercices de devotion qu'elle faiſoit dans ſon Oratoire, le plus celebre en Reliques & autres ſaintes raretez qui ſoit dans l'Europe, je fairois conſcience de violler la loy du ſecret qu'elle s'en eſtoit impoſée, quoy que mon immaginatiõ m'en rende aſſez ſçavant. Il me ſuffit d'en laiſſer la penſee pour vne Eſcole de perfection, aux ames les plus devotes.

En quels termes parleray-je de céte Vertu de Charité, dont ſon ame eſtoit Saintement embraſee, ſi c'ét vn nouveau Char d'Elie, tout environné de feux & de flammes, qui n'en permettent pas ſeullement l'admiration.

Ie vous repreſenteray bien que céte Princeſſe ne vivoit que de l'amour de Dieu, puis qu'elle n'aymoit la vie qu'a dessain d'en employer les jours à l'vtilité de tout le monde, faisant sans cesse des veux au Ciel pour le salut de toute la terre; mais ce ne sont que des foibles marques de crayon, dont les ombres pour estre trop claires cachent la beauté du corps qui en doibt estre le sujet.

Ie puis bien vous ramantevoir que le Cœur vrayment Royal de céte Princesse, n'a jamais ressenty avec plus de viollance celle des Passions, que pour l'amour de son prochain. Et à céte verité j'adjoute céte pensée que toutes ses actions, & tous ses discours dans leurs differentz objetz, n'avoient autre but, ny autre fin que cét amour mesme.

Ie vous diray bien aussy qu'elle possedoit céte Vertu de Charité, dans vn si haut degré de perfection; que si pour estre esclave le reste de ses jours, elle eut peu affranchir tous ses sujetz revoltez, de la tyrannie de leur religion, pretendue reformée, elle eut changé avec plaisir sa condition souveraine & absolue, avec la plus basse & la plus servile qu'on sçauroit treuver dans la nature.

Ie vous donneray bien encore céte nouvelle asseurance, qu'elle estoit beaucoup plus sensible au dommage d'autruy qu'au sien propre: que non contante de maintenir en paix ses sujetz, elle employoit également ses soings, ses veilles, & ses prieres, pour en jetter des solides fondemens dans toute l'Europe, & que toutes les maisons des pauvres honteux estoient autant d'Hospitaux qu'elle rentoit de ses liberalitez ordinaires.

Ie prendray bien en fin la hardiesse de servir d'Echó à la voix publique, pour vous redire aprez elle, que jamais affligé ne s'est presenté devant céte Princesse, sans

en avoir

en avoir esté consolé, & que les Vefves, les Orphelins, les Religieux mandians,& tout le reste des pauvres,ont perdu, les vns leur apuy, les autres leur consolation, ceux-là leur support, & ceux-cy leurs rentes ordinaires. Mais sans mentir toutes ces veritez ensemble ne sçauroient dire pourtant jusques à quel point Elle estoit charitable. Parce que comme céte Vertu toute de feu,est plus divine que mortelle,elle reluisoit en céte Princesse d'vn esclat qui ne sçavoit qu'éblouir, plutost qu'esclairer. Ce qui me contraint en publiant sa perfection, de confesser mon deffaut. Vostre immagination peut voler plus haut que ma plume.

Saint Augustin parlant de la Charité, la surnomme Divine, comme la seule Vertu qui tire à plain son esclat & son lustre de céte Source Infinie de lumiere que nous adorons en trois personnes, & en vn seul Dieu. C'est le Soleil qui illumine toutes les autres,c'est ce premier Mobille qui leur dône le branle & le mouvement: car toutes les Vertus Theologales, Cardinales, & Morales,ne peuvent avoir d'autre objet en toutes leurs differantes actions que la Charité. C'est céte Eguille de Cadran qui regarde tousiours le Pole. C'ét ce Soucy de couleur de feu, qui brulle incessamment d'amour aux rays du divin flambeau qui l'esclaire. C'est céte Piralide qui meurt hors des flammes qui la consomment, sans pouvoir toutes-fois la reduire en cendres. C'est enfin,comme dict ce Grand Docteur de l'Eglise, la consommation & la plenitude de la loy, puis que le comble de la Charité, est celluy-la mesme de la Perfection, & toutes les autres Vertus ne sçauroient rendre vn homme accomply, si la Charité ne luy sert de couronne.

Ce qui m'oblige de publier & de ſouttenir que céte Divine Infante eſtoit Reyne des Vertus, puis qu'elle portoit la couronne de Charité, avec plus de juſtice que celle de ſon Empire, d'autant qu'elle eſtoit nee avec celle-cy, & celle-la, luy eſtoit propre par vn droit de merite, ou toutes ſes penſees, ſes diſcours, & ſes actions avoient également contribué, pour en jetter des ſolides fondemens.

Proſper, en ſes livres de la Vie Contemplative, nous repreſente la Charité par vn meſpris continuel de toutes choſes, & par vne pareille eſtime d'elles-meſmes, puis qu'elle nous oblige tout à la fois, & à les meſpriſer hors de Dieu, & à les honorer en luy ſeul, comme dans leur Vnique Source.

D'ou vient que S. Auguſtin tout embraſé des divines flammes de céte adorable Vertu, aymoit ſi fort ſon prochain, en aymant ſon Createur, que ſi de leau de ſes larmes eternelles, il eut peu eſteindre le feu des enfers, il eut demandé céte grace à Dieu de pouvoir pleurer inceſſamment pour ſoulager la peine de ſes miſerables.

Diſons auſſy de céte Princeſſe qu'elle meſpriſoit le monde hors de Dieu, & qu'elle l'eſtimoit également en luy ſeul; de ſorte qu'elle n'eſtoit capable de haine, que pour hayr tout ce qui n'eſtoit pas Dieu, non plus que d'amour, que pour aymer tout ce qui eſtoit luy-meſme. Et il eſt croyable qu'eſtant ſans ceſſe animee d'vne ſi ſainte paſſion, elle deſiroit ſouvent de ſouffrir les maux de tout le monde, à condition de l'en exempter.

Ne fut ce pas céte Charité qui arma Helie, & de feu & de flame, pour combatre les idollatres, & qui pour recompenſe des travaux de ſa victoire, luy fit faire ſon entree dans le Ciel, ſur vn char environné du meſme

mesme feu,dont son cœur estoit embrasé. N'est-ce pas dans son escole ou Daniel a apris de jeuner, de porter la haire, & de coucher sur les cendres, pour avoir la revellation des misteres sacrez. C'est elle aussy qui a porté si genereusement Saint Paul au mespris des glaives, des feux, des roues, de la faim, de la nudité, & de toutes les afflictions de la terre, sans craindre que leurs mortelles attaintes le peussent jamais separer de céte charité qui le faisoit vivre en Dieu, plutost qu'en soy-mesme.

Tournons la Medaille maintenant, & nous admirerons dans la vie de céte Chere Infante, puis que ses actions s'eternisent d'elles-mesmes, la grandeur de céte Charité. N'estoit ce pas elle qui luy donnoit, & la force, & le courage, comme à vn autre Helie, pour combatre & pour vaincre les ennemis de nos autels, avec les seules armes de son zele; Et il est croyable que son ame estant embrasee de ce feu divin, ses propres flammes ont servy de char pour joindre ce rayon au corps de sa lumiere, & cét atome à son Vnité.

N'est-ce pas tousiours céte Charité qui l'engageoit aux jeunes, aux veilles, & à mille autre sorte d'austeritez de mesme qu'à vn autre Daniel, pour élever son ame sur les ruines de son corps, jusques à la cognoissance des misteres de l'amour de Dieu, comme le seul objet ou se terminoient toutes ses pensees.

C'est elle encore qui rendoit céte Princesse Invincible, en imitant ce grand Apostre contre tous les accidentz de la fortune. Non pas avec les armes de sa condition souveraine & absolue, mais plutost avec celles de sa resignation aux volontez de Dieu. Les mal-heurs pouvoient bien l'attaquer & la combatre, mais non pas la vaincre, parce que comme son esperance & son secours estoient tousiours en Dieu, elle en tiroit toute la force qui luy estoit necessere pour triompher.

Saint Augustin me ravit à son ordinaire, lors qu'il nous persuade de croire que la Charité est la seule voye qui nous conduit à Dieu, que c'est l'vnique Maitresse d'escole, qui peut aprandre à nos cœurs l'art de l'aymer parfaitement, & de parler en terre le langage du Ciel. Qu'on ne s'estonne donc plus si cête Princesse a parachevé si promptement sa cariere, puis que la Charité guidoit tous les pas de sa course pour luy faire treuver Celluy qu'elle cherchoit; & comme son cœur estoit sçavant en l'amour de Dieu, je m'immagine que chaque soupir ne parloit jamais d'autre chose.

On pouvoit dire de la Iustice qu'elle regnoit également & absolument avec cête grande Infante: car ces loix de punir le vice & de recompenser la Vertu, estoiẽt inviolables sur toutes les terres de son Empire. Les premieres loix qu'elle fit pourtant, ce fut pour elle-mesme, pesant ses desirs & ses esperãces dans cête balance qu'elle debvoit porter à la main, affin qu'en la rendant ferme, & asseuree, elle peut faire justice à vn chacun, aprez l'avoir exercee contre ses plus inthimes sentimens. Ce qui apuyoit de la sorte sa reputation que les plus envieux estoient à la fin contraints, ou de la louer, ou de se taire. Aussy veritablement que les deux siecles qui ont partagé les jours de cête Princesse se peuvent venter, quoy qu'on die de l'age d'Or, qu'ils en ont possedé en effect toute la gloire, & tout le bon-heur que les Poëtes s'en sont immaginez dans leurs fables.

Tout le monde peut sçavoir le soing qu'elle prenoit achoisir les personnes les plus capables pour exercer les Offices de Iustice, ne considerant jamais en cête action,

action,ny la race,ny les richesses,mais plutost la Vertu, puis qu'en elle seule, tout cela se treuvoit ensemble. Et quoy qu'en leur donnant la charge elle les engageat, par serment,selon les formes ordinaires, à faire justice, elle les obligeoit encore de nouveau, par la force de ses persuasions, sans parler de celle de son exemple, à ne violler jamais leurs promesses.

D'ailleurs comme elle avoit son conseil de conscience,de-mesme que celluy d'Estat,elle consultoit diverses fois l'oracle, & de l'vn, & de l'autre, avant que pourveoir aux Evechez, aux Abbayes, aux Gouvernemens, aux charges de Police, & jusques aux plus petits Offices de sa Maison, affin que la longueur du temps luy servit d'vne nouvelle lumiere pour esclairer son jugement en ce choix. Aussy sans mentir y estoit elle si heureuse qu'on luy en dõnoit des louanges publiques, malgré elle, comme estant desia satisfaite de s'estre acquittee de son debvoir.

Son Palais en estoit vn de Iustice, & sa Cour vne Nouvelle de Parlement, puis qu'à toutes les heures du jour, elle donnoit audience particuliere à ceux qui estoient contraintz de la demander, selon l'occurrence des affaires, & deux fois la sepmaine elle la rendoit publique, sans conter les heures qu'elle y employoit affin qu'en donnant la liberté aux pauvres de se plaindre, elle eut le contentement de les soullager: & de la sorte en prestant l'oreille à vn chacun, elle faisoit justice à tout le monde.

Ce qui estoit de plus remarquable dans céte action, c'estoit de la voir tousiours debout, durant le temps de ses audiences, immitant la Iustice en la rendant, qu'on nous represente de mesme; comme si elle n'eut voulu temoigner ſa grandeur, que par celle de ſon attantion, ny ſon pouvoir abſolu, que par la force de ſon courage.

Ceux qui ont deffiny la Iuſtice, ont dit que c'eſtoit vne ferme & continuelle volonté, de rendre à vn chacun ce qui luy apartient, à quoy noſtre Chere Infante s'eſtudiet ſi fort, que jamais perſonne ne ſe plaignoit deux fois à elle d'vne meſme choſe, eſtant ſi ſoigneuſe de luy faire raiſon, qu'elle ſouffroit tout l'impatience de l'atante.

Plutarque en la vie d'Ageſilaus, nous raporte de ce Grand Prince, qu'il ne cognoiſſoit ny Pere ny Mere, & moins encore ſes amis, lors qu'il eſtoit ſur ſon Throſne de Iuſtice, ſe depouliant de toute ſorte de paſſion & d'intereſt, pour la rendre à vn chacun, avec la meſme pureté qui luy eſtoit deue. Mais ſans flatterie, & avec beaucoup plus de Verité, on peut donnner la meſme louange à céte Princeſſe, puis que dans ſon exercice ordinaire de faire juſtice à tout le monde, elle ne cognoſſoit jamais que la raiſon, & toute la lumiere de ſon eſprit eſtoit employee à céte action, pour la juſtifier à force d'eſtre eclairee.

Ariſtote publie bien haut la Gloire d'vn Roy des Cretes, pour s'eſtre rendu caution publique, de tous les dommages & inthereſtz, que les eſtrangers pouvoient encourir ſur les terres de ſon Empire : & ſouſtient en ſuite à ſon honneur, que ſa Iuſtice le faiſoit regner par tout l'Vnivers, quoy que ſon Royaume fut de petite eſtandue, pour nous temoigner que céte premiere loy qu'il s'eſtoit impoſee luy-meſme, de rendre à vn chacun ce qui luy apartient, metoit tout le reſte du monde au nombre de ſes ſujetz, d'autant qu'on le devenoit, par la raiſon ſouveraine d'vn ſi juſte ordonnance.

Ie vous

Ie vous laiſſe à penſer maintenant, ſi ce grand Philoſophe eſtoit de noſtre ſiecle, en quels termes de reſpect & d'admiration il eut peu parler de céte Rare Infante, touchant ſa Vertu de Iuſtice, puis que toutes les louanges du monde, ſont autant de diſcours d'indifferance ou de compliment pour exprimer ſa grandeur. Céte Princeſſe n'eſtoit pas ſeulement l'vnique aſile des eſtrangers, pour les apuyer de l'authorité de ſa juſtice ordinaire : elle-meſme encore prenoit peine à s'enquerir de leurs neceſſitez, & à chercher des ſecretz moyens de les ſoullager, ſans ſe faire cognoitre, pour en eviter les louanges. A n'en point mentir, jamais eſtranger n'a s'esjourné dans ſes Pays, ſans gouter les douceurs de ſon regne, en reſſentant les effectz de ſa bonté : car elle avoit de ſi fortes inclinations à obliger, qu'on eſtoit contraint de croire par le nombre infiny de ſes bien-faitz, qu'elle n'eſtoit venue au monde que pour y faire des eſclaves. Ie reviens à mon ſujet.

Les Egyptiens eſtimoient ſi fort leur Bocchire, & luy rendoient tant de reſpect en conſideration de ſon eminente vertu de juſtice, qu'ils apeloient de meſme, tous ceux qui ſuivoient ſon exemple, les recompenſant de la gloire de ſon nom, pour en eterniſer la memoire. Ilz ne deferoient pas moins d'honneur à Mycerinus, fils de Cleopis, qui faiſoit profeſſion publique d'acquitter toutes les debtes de ceux qui n'avoient pas moyen de les payer.

Comment dirons nous donc aujourd'huy pour louer dignement céte Princeſſe de céte meſme vertu de juſtice, qu'elle poſſedoit avec tant de perfection. D'eterniſer la memoire de ſon Nom, comme firent les

Egyptiens celle de Bocchire : leur invention nous est inutille, parce que nous ne trouvons point de sujet digne de céte gloire.

Ce n'est pas qu'il ny puisse avoir d'autres Princesses encore qui ayment la justice ; mais qu'elles l'ayment pour la rendre à vn chacun, avec la mesme austerité que faisoit céte Grande Infante, il faut que le Ciel nous en donne la foy, comme il depart ces graces. De sorte que nous debvons eterniser le Nom de céte Princesse, non pas en le faisant porter à quelque autre : car elle s'est rendue tousjours inimitable, mais plutost en le donnant à toutes les Vertus, puis qu'elle seule en a possedé toutes les qualitez.

De la louer encore d'vn nombre infiny d'autres actions de justice qu'elle a faictes, à la lumiere des prisons, affin de n'avoir pas des temoins, je serois honteux d'en parler puis que les termes me manquent pour en exprimer le merite. Il me suffit de vous representer que céte justice qu'elle exerceoit, estoit bien rare, de s'interesser si fort dans tous les procez des pauvres, qu'elle en portoit à la fin tout le dommage ; cōme si céte qualité de leur Tutrice, luy eut esté aussy propre que celle de leur Souveraine. Et ce qui est de plus considerable, c'ét que de toutes ces actions elle en refusoit les remerciemens, & en perdoit le souvenir, affin que le Ciel en eut toute la gloire.

Que céte sentence de Thales Milesië est digne de remarque, lors qu'enquis du moyen de vivre sans reproche, il repondit, qu'il faloit obeir à la raison, & faire justice à soy-mesme, avant que la rendre aux autres. Le Poëte Claudian, ne donna jamais d'autre conseil à l'Empereur Honorius, pour le rendre aussy grand en meri-

merite, qu'en fortune, que celluy de regner justement, sçachant bien que toute la gloire que peut acquerir vn Monarque, se pese au poix de la balance qu'il porte à la main.

On lit d'Artaxerxes qu'estant importuné d'vn de ses favoris de commettre vne injustice, il luy fit le mesme present qu'il en attandoit, pour s'exempter de ses importunitez, desirant luy temoigner par cete action, de quel prix estoit son honneur, puis qu'il en acheptoit si cher la conservation. Nicephore nous dict encore des merveilles de l'Empereur Trajan, lors qu'il nous parle de sa justice: car il nous asseure que toutes les fois que ce Grand Monarque establissoit vn nouveau juge dans Rome, il luy faisoit céte belle Harangue. Prens ce " Glaive que je te donne, & t'en sers pour ma deffence, si " je regne justement, mais employe aussy son trenchant " à ma ruine, si mes actions dementent la qualité que je " porte. "

Toutes ces veritez paressoient avec esclat dans la vie de nostre Princesse, comme dans leur Throsne: car sa justice ne consistoit pas seulement en preceptes & en conseils, comme celles de Thales & de Claudian, ses effectz precedoient tousjours ses paroles, & je puis dire sans flaterie, que sa Cour estoit vne fameuse Escole de Iurisprudence, ou l'on pouvoit se rendre sçavant en droit, par le seul estude de ses actions.

Tout le monde sçait, qu'elle avoit des favorites, mais personne n'ignore aussy que leur vertu ne fut le fondement de céte faveur: de sorte qu'elle n'estoit jamais en peine de leur refuser ce qu'elles luy demandoient, parce que comme toutes leurs requestes estoient dictees par la mesme justice qu'elle leur avoit enseignee, c'estoit elle encore qui les intherinoit pour s'exempter de reproche. Ce qui me fait croire, que si elle eut esté contrainte comme Artaxarxes, d'achepter l'interest d'vne demande injuste, elle eut vendu jusques à sa propre liberté, pour eviter le blasme de l'avoir accordee.

De comparer sa Iustice avec celle de Trajan, il ny peut avoir d'autre raport, que celluy de la lumiere, avec l'ombre. Cét Empereur n'estoit juste que par vn sentiment de nature, qui luy en donnoit vne pareille raison, & céte Princesse exerçoit la justice dans vn eminent degré de perfection, comme ayant la Foy pour flambeau, la Charité pour objet, & le Ciel pour recompense.

O qu'il est aisé de s'immaginer, que son cœur faisoit souvent à tous les Iuges de ses Provinces, la mesme harangue de cét Empereur, & que de desir & de pensee elle soubzmetoit tous les jours ses actions à la sensure publique. Mais elle avoit beau s'humilier, chacun l'élevoit jusques au Ciel, suivant l'essor de ses pensees ordinaires: & le continuel mespris qu'elle faisoit de soy-mesme, servoit de nouvelle loy à tout le monde, pour l'honnorer sans cesse avec plus de respect. Ie passe plus avant.

Sa Vertu de Temperance estoit si grande, qu'on ne sçauroit la pratiquer dans les louanges qui luy sont deues, je veux dire, qu'on ne peut estre moderé à l'estimer & à publier sa perfection, si elle-mesme ne nous y force: il y a de l'excez en ma temerité de vouloir exprimer jusques à quel point céte Princesse estoit temperee en toutes choses, puis qu'on n'a jamais sçeu prendre la mesure du compas qui reigloit les actions de sa vie. Ie ne laisseray point toutes-fois de poursuivre mon dessain,

ſain, aprez les proteſtations que je vous ay faictes. Mais que dis-je? ſi je veux repreſenter la temperance de ſes deſirs, ilz n'avoient ny bornes, ny limites, pour l'utilite de ſon prochain : ſi je parle de la temperance de ſes penſees, il faut neceſſerement que je die, que l'Eternité en eſtoit l'unique objet, & céte verité me contraint à me taire : Si je loue la temperance de ſes actions, tout le monde ſçait qu'elles eſtoient animees d'vn zele ſi ardant, & ſi extreme, pour l'inthereſt particulier d'vn chacun, qu'on ne pouvoit les conſiderer moderees, que dans le degré de perfection, ou l'on les admiroit ſans ceſſe.

Ceux qui ont parlé dignement de céte Vertu de Temperance, l'apellent Maitreſſe des paſſions, comme Platon; Flambeau de l'ame, comme Macrobe; la Guide de l'eſprit & des ſens, comme Ciceron. Et en effect c'et elle ſeule qui ſert de reigle aux autres, & qui leur donne l'eſclat, & la lumiere, dans le continuel exercice ou elles doibvent eſtre.

On nous raporte de Iudith, Ieune-Dame riche en biens de fortune, mais beaucoup plus de vertu, qu'elle poſſedoit celle de Temperance ſi parfaitemēt, que l'Envie meſme ſe trouvoit ce coup la aſſouvie en ſon admiration. On nous dit auſſy de la Noble Heſter, qu'elle reigloit tous ſes ſentimens à vne ſi juſte meſure, que les paſſions qui luy eſtoient les plus propres, ne s'apelloient plus ainſy, deſlors qu'elles eſtoient en regne, parce que céte Vertu de Temperance leur faiſoit porter ſon nom, en changeant leur nature.

Ie me ſers fort à propos de l'exemple de ces deux Princeſſes, dans l'eſtime particuliere que tout le monde faiſoit de leur Vertu, pour vous ramantevoir le merite de noſtre Chere Infante, comme vn rayon eſclatant du corps de ces deux lumieres: car à n'en point mentir, elle eſtoit ſi moderee en toutes choſes, que ſes ſens n'eſtoient jamais ſenſibles qu'aux objetz que ſa raiſon authoriſoit, quelques agreables qu'ils fuſſent, ayant acquis ſur eux ce pouvoir à force de temps, par vne habitude de temperance.

Iudith poſſedoit des grandes Richeſſes je l'advoue, mais les pauvres pourtant en eſtoient le ſeuls temoings. Noſtre Princeſſe jouiſſoit auſſy d'vn grand Threſor, qui eſtoit inſeparable de ſa couronne, mais les Vefves, les Orphelins, & les Priſoniers, en faiſoient la plus grande recepte. Heſter pouvoit de meſme joindre l'eſclat de la pompe, à celluy de la majeſté, pour eblouir de ſon admiration tout le monde, mais ſa temperance humiliet ſi fort ſes deſirs, & ſes penſees ſur la terre, qu'elle n'en pretendoit que ſes piedz, & dans céte eſpace elle y enſeveliſſoit paravãce, toutes les vanitez qui pouvoient la tenter.

Que vous diray-ie encore de noſtre Infante, ſi ce n'eſt que ſon pouvoir egaloit ſa grandeur, & que l'vn & l'autre toutes-fois eſtoient telement ſujetz de ſa moderation, qu'elle ſeule faiſoit toutes leurs magnificences, pour inſtruire les eſpritz par leur conſideration, plutoſt qu'eblouir les ſens par vne vaine gloire; Et c'eſtoit en quoy elle ſe rendoit tous les iours d'autant plus admirable: car ayant à combatre à tous momens, mille objetz de vanité, & mille autres encore de plaiſir, & de ioye dans la condition ſouveraine ou elle eſtoit elevee, elle ne ſe rendoit ſenſible aux apas de ceux-cy, & aux charmes de ceux-la, que iuſques au point que ſa temperance luy marquoit: ce qui me fait croire que toutes les

les facultez de son ame estoient reiglees d'vn mesme compas.

Ie ne m'estonne point de ce qu'on surnõme céte vertu de Temperance Royalle, puis qu'elle est propre & affectee aux Roys, & aux Princes, dans l'abondance ou ilz sont d'ordinaire de toute sorte de biens. D'ou vient que Nostre Princesse se trouvoit continuelement dans son exercice; comme environee d'vn grand nombre d'objetz, capables d'emouvoir ses puissãces. N'est-il pas croyable, que toutes les plus belles choses tiroient vanité d'estre admirees de ses yeux: Ne peut-on pas s'imaginer, que les plus excellentes voix, & tous ceux mesme qui avoient treuvé l'art par celluy de leurs instrumens, de charmer les cœurs, en ravissant les oreilles, souhaitoient passionement l'honneur de se faire entendre des siennes, & qu'en suite elle avoit la liberté & le pouvoir de contenter ses autres sens, sans troubler le repos de sa consciente. Et toutes-fois quelle merveille de moderation & de temperance, elle n'avoit des yeux que pour admirer la Vertu, soubs quelque visage qu'elle se presentat devant elle, elle n'avoit des oreilles que pour escouter la douce melodie de la parolle de Dieu, & ses autres sens reçevoient l'ordre de leurs functions, d'vne pareille temperance: car quoy qu'elle fut magnifiquement servie à table, selon sa qualité, toutes les viandes qu'on luy presentoit, aiguisoient son apetit, au lieu de l'assouvir, puis que ses yeux en faisoient d'ordinaire l'essay, plutost que sa langue, Et lors, que pour cacher céte vertu de moderation, elle se relachoit de son austerité ordinaire, en mangeãt des viandes qui luy estoient servies, elle detachoit son imagination de son goust, pour ne faire pas reflexion de leur espece: de sorte qu'elle disnoit le plus souvent, sans marquer de la differance aux divers metz, dont on couvroit sa table.

Ie m'imagine encore, qu'elle n'estoit embaumee que de l'odeur de ses bonnes œuvres; toutes-fois je suis forcé de croire, dans le mespris qu'elle faisoit de soy-mesme, que si elle aymoit quelque senteur, ce ne pouvoit estre que celle des fleurs, à cause que leur fragilité en temperoit le plaisir, par sa courte duree.

On nous raconte d'Agesilaus, que le seul exemple de sa moderation devant ses soldatz, leur imposoit vne loy de temperance, que les plus libertins n'osoient violler, estant forcez par vn si bel objet, d'assubjetir leur puissance soubz celle de la raison. Veritablement les vertus des Roys & des Princes sont les plus belles loix, & les plus souveraines de leur Empire: car comme ilz sont des premiers à leur obeir, la gloire de les imiter à des apas pour tenter les plus foibles.

Ne croyez-pas pourtant, que je veulle faire comparaison de la vertu de Temperance, purement naturelle qu'on admiroit en ce Prince Idolatre, avec celle toute Divine, qu'on adoroit en nostre Chere Infante. Celle-la comme vne lumiere d'esclair, ne luisoit que pour s'esteindre, & celle-cy estoit vn Flambeau qui tiroit son esclat d'vne lumiere de soleil, pour luire sans intervalé. Representez-vous seulement, que tout ce que la flaterie pouvoit dire de ce Prince, touchant céte vertu, la verité le publie aujourd'huy à l'advantage de Nostre Princesse: car à n'en point mentir, toutes les loix qu'elle imposoit à ses sujetz tiroient leur force & leur authorité, de celle de son exemple, les rendant inviolables par le seul pouvoir de son obeissance, & de sa soubzmission.

L'Histoi-

L'Histoire Profane chante sur vn ton bien haut la gloire de Monime milesiene, pour avoir refusé le present d'vn sceptre, & d'vne couronne, que luy offroit Mitridates Roy d'Armenie. On est encore en peine de treuver des louanges dignes du merite de Sophonie, pour avoir mesprisé les thresors qu'Archidamia luy presenta, sans pretendre d'elle que l'honneur qu'elle luy faisoit en les reçevant.

On met aussy la Temperance de Caton le Ieune à haut prix, lors que se treuvant avec son Armee en Lybie, ou il fait vn extreme chaleur, il eut vne si grande soif, qu'il en fut jusques aux agonies. Et toutes-fois reduit en ce point la, il refuse l'eau qu'vn soldat luy presente, ou s'il la reçoit, ce n'est que pour la repandre, jugeant que l'exemple de sa moderation se metamorphoseroit à mesme temps en Fontaine, pour estancher la soif de tous ceux de son armee. En effect le bruit de sa continence servit de rozee & de pluye, pour refraichir tous ses soldatz, en leur donnant le courage de resister contre les feux & les flammes, dont le Ciel embrasoit la terre, pour les reduire en cendres.

Mais que doibt on dire de la Temperance de nostre Princesse, si sa perfection estoit elevee à vn degré ou nos pensees ne peuvent ataindre. Céte Ieune-Dame Milesiene, a beau se vanter d'avoir foulé les sceptres & les couronnes. Céte Glorieuse Infante rehausoit de beaucoup par dessus elle, le prix de céte moderation: car aprez qu'elle eut persuadé son cher Espoux, de refuser la couronne de l'Empire, ou il estoit apellé par droit de merite, aussi-bien que de naissance. Elle ensevelit dans son Tombeau toutes les grãdeurs qu'elle partageoit avec luy, & ne pouvant toutes-fois se depouiller de la qualité de Souveraine, elle ne la conserva que pour commander à ses passions, aussi-bien qu'à ses sujetz.

Que Sophonie soit insensible aux apas des richesses qu'õ luy presẽte, le cœur genereux de Nostre Chere Infante marquoit biẽ plus haut ses visees, puis que dans la jouissance mesme d'vn nombre infiny de thresors, il n'avoit rien de plus propre, que le mespris qu'il en faisoit: Ie ne sçaurois louer aussy la continence de Caton, pour avoir souffert la genne des feux & des flammes que l'ardeur de sa soif luy alumoit dans le sein, quand je pense à la Temperance de céte Rare Infante.

Immaginez vous que dans sa Puissance absolue, tous les objetz de grandeur, & de plaisir, qui l'environnoient estoient autant de verres d'eau qu'on luy presentoit, pour estancher céte soif vehement & naturelle, que l'ardeur des passions pouvoit allumer dans ses entrailles. Mais quelque tentation qu'elle eut de boire, elle estoit si fort resolue à mourir de céte soif, que sa Moderation & sa Temperance l'ont accompagnee dans le tombeau. La Continence de Caton ne fut qu'vne seule fois combatue, & triomphante: Mais celle de céte Princesse estoit incessament attaquee, & tousjours victorieuse: de sorte que sa vie & sa mort n'estoient qu'vn continuel instant de combat & de triomphe, dont ses dernieres actions ont remporté la derniere couronne.

On nous propose pour des nouveaux exemples de Temperance, Alphorinus, Roy de Bulgarie, qui fit succeder avant le temps, son fils ayné au Royaume, pour finir ses jours dans vn solitude. Vn Aymé Duc de Savoye, qui fit le mesme dessain de se rendre Hermite. Et parmy les Payens, on remarque vn Diocletian, qui prefera

fera les plaisirs champestes aux delices de sa Cour, ayant imité le Grand Scipion, Torquato & Fabrice, qui avoient refusé la Dictateure, pour vivre en repos chacun dans sa maison. Ie vous ramanteuray encore vn Amirathes, Empereur des Turcs: vn Venceslaus fils de Bursinus, Roy de Boheme, & vn Casmir Roy de Pologne. Mais tous ces exemples de vertu ne representent point celle de la Temperance de Nostre Princesse, parce qu'elle en avoit jetté les fondemens sur la mesme pierre, ou les autres craignoient de broncher, joignant toute sa force à celle de la grace, pour faire reussir ses pieux dessains. Ces Roys, ces Princes, ces Empereurs, & tous ces Grands Personnages ont bien fait voir qu'il sçavoient l'art de resister en fuyant, à toutes les vanitez de leur siecle. Mais Nostre Vnique Infante apres avoir mis ses passions au nombre de ses sujetz, elle cherchoit sa gloire dans la peine de les bien gouverner, ayant treuvé cete invention de fuir le monde sans le quitter, de vivre parmy les grandeurs, sans elles, de conserver son authorité, pour la donner à la vertu, & enfin de regner, pour enseigner à vn chacun tout cela ensemble.

Veritablement il faut confesser que la Vertu de Temperãce modere si fort nos passiõs, qu'on n'en peut avoir d'extreme ny de violante, que pour son amour mesme. C'est elle qui tient tousjours ceste balance des facultez de l'ame en son equilibre, pour conserver la lumiere de l'entendement, pour epurer les especes des choses passees dans la memoire, & pour animer la volonté d'vn zele de Charité, d'ou procede vn repos d'esprit & de conscience egalement admirable. Repos dont nostre grande Princesse jouissoit avec tant de satisfaction,

 qu'en

qu'en tout temps & en toute sorte de rencontres, elle portoit vn mesme visage, & c'estoit luy seul aussy, qui nous representoit céte temperance qu'elle avoit dans l'ame: car comme il ne palissoit jamais pour les malheurs; n'est-il pas croyable, que son cœur genereux estoit insensible à leurs attaintes.

Saint Augustin en ses confessions, nous dit de la Temperance, qu'elle vnit & rassamble tous nos bons desirs, comme autant de ruisseaux à la source èternelle d'où ils procedent; mais quelle moderation peut on garder en ce desir extreme, de s'vnir, ou plutost de s'abysmer amoureusement dans cet Estre Souverain & Absolu, si les mouvemens, & les effortz de la puissance, doibvent estre en quelque sorte proportionez à la grandeur de l'objet, qui luy est represente; Seroit-il possible d'estre touché de l'amour de Dieu moderement, de luy dis-je, qui possede en propre toutes les perfections qu'on doibt aymer, & toutes les felicitez qu'on peut atandre. Il faut de necessité donner vn autre nom que celluy de temperance, à ceste noble passion, dont les ames saintes sont d'ordinaire transportees, parce que l'objet qui la fait naistre, est si adorable dans son infinité, que ne pouvant luy donner son essence, il luy communique sa vertu, affin qu'elle marque ses limites au de la de nos imaginations & de nos pensees.

Ce n'est pas pourtant que l'opiniõ de ce grand Docteur de l'Eglise ne soit reçeue & authorisee, d'autant qu'on ne sçauroit aymer quelque chose avec Dieu, que pour l'amour de luy-mesme, & c'est en quoy la Temperance reigle si bien les desirs, qu'elle les vnit à ceste Source infinie, d'ou ils procedent, demeurant fermes dãs leur propre moderation, sans que la nature mesme

ou ilz

ou ilz sont antez puisse donner quelque attainte à leur constance.

Que s'il faut maintenant vous representer ceste belle verité par vn pareil exemple. Nostre Infante en estoit l'vnique sujet de nostre siecle : car comme ses desirs estoient moderez en Dieu,ne souhaitant que luy, pour l'amour de luy-mesme,ilz avoient vne pareille moderation pour le monde, ne pretendant rien de luy, à cause de ses vanitez. De sorte qu'elle possedoit ceste vertu de Temperance si parfaitement, que je suis contraint à la fin de la pratiquer, touchant les louanges qui luy sont deues, puis que toutes ensemble ne sçauroient parler qu'avec beaucoup de moderation de la grandeur de son merite. Mais il me suffit de vous laisser vn nouveau sujet de ravissement.

Sa Vertu de Force & de Magnanimité se faisoit admirer encore avec estonnement ; comme estant si peu commune, qu'en vain cherchoit-on son exemple icy bas. Mille sorte de malheurs,& autant d'afflictions differentes,l'avoient souvent attaquee en divers temps, & en divers lieux, soit par la perte de ce qu'elle avoit de plus cher, ou par d'autres accidentz, dont le terrouer du monde est si fecond. Mais tous les effortz de ces infortunes contre son esprit, estoient ceux-la mesme des vagues contre vn rocher,demeurant comme luy ferme & immobile, sans estre toutes-fois comme luy insensible.

C'est dans ce seul degré de constance, ou gist la Force & la Magnanimité, le Ciel a beau faire esclater le bruit de ses foudres, & la Terre menaçer de ruine par ses trẽblemens tout l'vnivers:vn cœur ferme & cõstant apuyé de la seule esperance qu'il a en Dieu,demeure cõme le Pole, fixe & immobille, tandis que tout tourné autour de luy. Et c'eſt ce cœur tout Royal & tout Magnanime de Noſtre Infante, puis que dans la preſſe des malheurs & des afflictions qui l'ont accuellie, durant le cours de ſa belle vie, il a tousjours paru invincible; non pas contre les premieres attaintes de la douleur, qui eſtoit propre & affectee à ſa nature, comme ſenſible; mais bien contre la tyrannie d'vne paſſion opiniaſtre dans le dueil, & trop libre à murmurer: car à n'en point mentir, ceſte Princeſſe eſtoit tellement reſignee à la volonté de Dieu, que la mort meſme, quelque effroyable qu'on puiſſe la figurer, n'a ſçeu luy faire changer de viſage.

On nous repreſente Samſon, pour vn homme fort & puiſſant; mais tournez la medaille, vous verrez vn petit vermiſſeau, qui rongeāt la racine de ce grād arbre, elevé juſques aux nues, rabaiſſe ſon orgueil: Ie veux dire qu'vne ſimple Dalila l'encheſne, & l'aſſubjetit ſans armes, ſoubz ſes loix. On nous propoſe encore pour vn nouvel exemple de Force. & de Magnanimité le Grand Hercule, qui n'alloit jamais qu'à la chaſſe des Lions, & des Ours, & vn petit enfant aveugle n'employe que les foibles appas d'Omphale, pour l'obliger, en quittant ſa maſſee, de prendre la quenouille. La force du corps doibt tirer ſa vigueur, & ſa vertu de la force de l'ame, pour ſe rendre invincible : car tous ſes dompteurs de monſtres ont eſté à la fin vaincus par les vices.

Virgile ſe moque d'vn Herilus qui ſe vantoit d'avoir trois ames, & des forces à l'egal. Lucain nous met en avant vn Monychus, qui jectoit des groſſes pierres de Rocher, à la teſte de ſes ennemis. Les Grecs ont publié bien haut la force d'vn Polydamas, pour combatre les

les Lions, ſans autres armes, que celles que la Nature luy avoit donnees; mais tous ces ſuperbes Geantz ont eſté à la fin metamorphoſez en Pigmees,par la foibleſſe de leur courage, à la premiere rencontre des funeſtes malheurs qui les ont accueillis: car l'vn fut vaincu honteuſemēt par Evander: l'autre ſurvecut quelque temps à ſa reputation, avec beaucoup d'infamie: celluy-cy ſe rendit aux effortz d'vne fiebvre; ſe ſentant peu à peu acabler ſoubz le fais de ſa propre peſanteur, & Hercule meſme n'a peu acquerir d'autre advantage, que celluy d'eſtre mis au nombre des faux Dieux, gloire, dont la vanité ſe rapporte aux actions qu'il a faictes.

Ie puis dire maintenant de Noſtre Princeſſe, qu'elle avoit plus de force dans l'ame, que Samſon en ſon corps. D'où vient que celluy-cy fut vaincu, parce que ſa force n'eſtoit point apuyee de la vertu, dont les armes ſont tousjours victorieuſes, & Noſtre Infante au contraire,triomphoit par tout,tirant ſa force & ſon courage de celluy-la meſme qui donne les victoires.

Ie veux qu'Hercule face le Domteur des Monſtres; ſi faut-il confeſſer pourtant, que les meſmes vices que Noſtre Princeſſe a ſurmontez, l'ont mené en triomphe par toute la terre. Ie vous laiſſe à penſer quel raport, & quelle convenance il y peut avoir de la vaine gloire, que ceſt Heros,s'eſt acquiſe,à l'immortelle que Noſtre Infante poſſede aujourd'huy.

Que ceſt Herilus,ce Monychus,& ce Polydamas ſe vantent de leur force, pour avoir combatu ſans armes les Lions, les Ours, & les Tigres, la Fameuſe Victoire que Noſtre Princeſſe a remportee ſur le Monde, ſur la Chair, & ſur les Demons,eleve ſa force à vn ſi haut degré d'honneur,par dessus celle de tous ces Geantz, que la comparaison n'en peut estre qu'odieuse. O qu'il y a bien plus de peine à resister aux apas des grandeurs,aux charmes des richesses, & aux douces ataques que mille plaisirs en foule, livrent à vne ame antee dans vn corps naturelement disposé à se rendre, qu'à combatre des bestes brutes,dont les seules peaux, sont d'ordinaire les seules couronnes du vainqueur. Et cét en quoy Nostre Infante a voulu faire voir sa force & son courage,ayant resisté aux apas des grandeurs du monde, par le mespris de celles qui luy estoient propres: aux charmes des richesses, par vne pauvreté volontaire, dont elle faisoit secretement profession, & aux ataques de toutes les delices de la terre, par vne continuelle meditation des contẽtemens du Ciel,ou ses desirs & ses esperãces marquoient leur visee. Victoire vrayment glorieuse & digne des couronnes que ceste Princesse possede: Triomphe divinement merveilleux,& beaucoup plus rare que les siecles. Ie vous en laisse le jugement.

Les Histoires Profanes nous parlent de la force d'vn Zeno,d'vn Anaxarchus, & d'vn Presaspes; mais ce n'estoit que foiblesse plutost que generosité, comme n'ayant pas esté ordonnee à vne heureuse fin : Toutes nos actions tirent leur louange, ou leur blasme, de l'object qu'on leur donne, & de quelque puissance qu'elles soient animees, la fin en est le juge, qui les condempne, ou qui les apreuve.

La Force & la Magnanimité de Nostre Princesse, estoient d'vne autre nature, comme ayant vn object tout different. Elle estoit forte, non pas pour escheller le Ciel, en entassant montaigne sur montaigne,de mesme que les Geants de la fable, mais bien pour renverser le monle monde ſoubz ſes piedz, & le fouler avec toutes ſes grandeurs, durant le cours de ſa belle vie. Elle eſtoit forte, non pas pour faire mouvoir des Rochers, mais bien pour eſtre ferme & ſtable comme vne Roche, dans tous les divers accidentz, dont ſon ame pouvoit eſtre acueillie.

Diſons encore qu'elle eſtoit Magnanime; non pas comme Magiſtona qui fit mourir le Tyran Ariſtotime: car elle ne faiſoit la guerre qu'aux Vices; mais plutoſt comme Elle-meſme, puis que ſes actions eſtoient leur propre exemple.

Soutenons dis-je hardiment, qu'elle eſtoit Magnanime, mais juſques au point de n'avoir jamais conçeu de penſee indigne de ſa naiſſance; que ſi les plus incredules ne demandent des temoings, j'expoſe à leur cenſure la moindre de ſes actions, ſçachant bien que ſon merite eſt ſi puiſſant, qu'il tirera des louanges de leur bouche, s'ilz l'ont jamais ouverte à la confeſſion de la verité. Ie change de ton.

La Force, ſelon Saint Auguſtin, eſt vn amour divin, qui nous rend invincibles contre tous les obſtacles qui le veulent deſtruire. Nicephore nous en donne l'exemple de S. Ambroiſe, qui embraſé du feu de ceſt amour, reſiſte ſeul contre des Puiſſances Souveraines qui luy font la guerre, en le voulant contraindre de donner des Temples aux Arriens. Il ſe voit attaquer d'vn monde d'ennemis, mais ſon courage s'augmente avec eux, & leur force aparament indomptable, luy en donne en effect vne invincible, dont il chante le triomphe avant leur desfaicte.

C'eſt vn homme ſeul toutes-fois qui combat ſans armes, contre des Puiſſances les plus redoutables de la terre; mais ſa Force, & ſa Magnanimité, luy font remporter la victoire, & impoſent à tous ſes ennemis des loix de ſoubzmiſſion & de repentence.

Voicy maintenant vn pareil Triomphe de Noſtre Princeſſe, dont la Force, & la Magnanimité ont fait de leurs mains propres, toutes les couronnes; De combien d'ennemis at elle eſté attaquee, pour la contraindre de donner liberté de conſcience, dans les terres de ſon Empire. Mais qui ne ſçait pas auſſy que la Force de ſon cœur, & la Magnanimité de ſon ame, ne luy ont jamais permis de ſe relacher d'vne ſeule penſee, pour ſonger à les ſatisfaire, demeurant invincible avec les ſeules armes de ſa Vertu, contre l'Enfer & le Monde.

Sans mentir, toutes les fois que je me repreſente Iob ſur le theatre d'vn fumier, tout couvert de playes, & expoſé neud en chemiſes, à la riſee des paſſans, je ſuis contraint de confeſſer, qu'il eſt l'vnique exemple de ceſte miſere, & que ſa force, & ſa magnanimité, ſont auſſy rares que le Deluge; de quelle nouvelle affliction ſçauroit-on accroiſtre ſes malheurs ou ſes peines. Il n'avoit des oreilles, que pour ouyr les triſtes nouvelles de la perte de ſes biens, & de la mort de ſes enfans. Ses yeux touſiours mouillez des larmes, que la pitié de ſoy-meſme, puiſoit du plus profond de ſon cœur, n'avoient jamais d'autre object, que celluy de ſon fumier, dont ſon corps faiſoit vne partie: & ſes autres ſens affligez egalement, & à la meſure de ſes ſouffrances, qui eſtoient ſans nombre, faiſoient le comble de ſa douleur; jugez maintenant de la grandeur de ſa force, puis qu'il avoit le courage de reſiſter à tant de maux; conſiderez la Perfection de ſa magnanimité, puis qu'elle l'elevoit au deſſus de ſes infortunes, affin qu'il n'en fut pas accablé,

& ne

& ne vous estonnez-pas pourtant, si je compare ceste force indomptable, & ceste magnanimité miraculeuse à celles de Nostre Chere Infante. I'y trouve assez de lumiere pour en faire la comparaison.

Iob estoit Homme Iuste: Nostre Princesse en avoit la qualité aussi-bien que le Renom. Il fut egalement affligé, & d'esprit, & de corps, soit par la perte de tout ce qu'il avoit de plus cher, ou par vn nombre infiny de douleurs, qui le tenoient incessament à la genne. Qui doute des afflictions extremes, dont l'esprit de Nostre Princesse a esté vifvement attaint, dans toutes les saisons de sa vie glorieuse; tant par la mort de tout ce qu'elle devoit aymer vniquement au monde, ayant survescu à ses plus proches, que par le nouveau malheur de son sterilité, qui tout à la fois privoit son ame de consollation, son peuple d'apuy, & tout l'Vnivers d'vn second ornement, & d'vne nouvelle merveille.

Pour les afflictions du corps, il me suffit de vous dire qu'elle le traitoit en marrastre, & que jamais esclave n'a souffert les peines que son humeur austere luy imposoit.

Ne peut-on pas dire aussy qu'Elle n'avoit des oreilles, que pour ouyr les tristes nouvelles de mille funestes accidentz, qui ont parsemé de cyprez, ou d'espines, le long chemin de sa cariere. Et à propos du courier qui les portoit. Voicy, disoit elle d'ordinaire, vn messager de Iob, La volonté de Dieu soit faicte. Quelle autre force d'esprit, quelle nouvelle magnanimité de courage se peuvent egaller à celles-la.

Ne vous asseureray-je point en suite, que ses yeux n'avoient point d'object plus frequent, que celluy des miseres particulieres de ses sujetz, affin de les pouvoir ſoulager d'vne partie en les cognoiſſant, & de ſouffrir le reſte par la compaſſion qui luy en eſtoit propre : De ſorte que ſes ſens eſtoient touſiours affligez, ou par accident, ou de volonté determinee, cherchant de nouveaux ſujetz de ſouffrance, affin d'en treuver de conſolation, puis qu'elle ne ſouffroit que pour l'amour de Dieu; O quelle Force! mais quelle Magnanimité. I'advoue ma foibleſſe à comprendre leurs merveilles.

Par ou commenceray-je de vous parler de la Vertu de ſa Sageſſe & de ſa Prudence; ſi c'eſt vne Source qui n'a point de fond, ou plutoſt vne mer incognue, ou les plus ſages du ſiecle n'ont encore ſçeu naviger. On avoit beau admirer egalement, & ſes paroles, & ſes actions, ces effectz ne nous diſoient rien de la perfection de leur Cauſe, comme eſtant Sage & Prudente juſques à vn point, que ma plume ne vous peut marquer, parce que mon eſprit ne le ſçauroit comprendre. Ie veux dire en autres termes, que toutes les langues du monde, n'en ſçauroient inventer d'aſſez eloquens, pour exprimer ſur ce ſujet, la grandeur de ſa gloire.

Ceux qui ont parlé de la Sageſſe, mettent en avant qu'elle eſt fille de l'Experience, & que le Temps luy ſert continuelement de Maiſtre d'Eſcole; Et toutesfois, Noſtre Princeſſe nous a fait voir le contraire, lors qu'en ſes premieres annees, les plus vieux conſultoient ſa Prudence, ſe meſſiant plutoſt de leur age, que de ſa Ieuneſſe. Sur quelle experience pouvoit-on eſtablir le fondement de ſa Sageſſe, ſi ſes premieres paroles ſervirent de premier conſeil, à ceux qui eurent le bonheur d'eſtre auprez elle, pour les obliger à l'eſcouter, toutes les fois qu'elle ouvriroit la bouche. Ce qui me contraint de croire, que le Ciel & la Nature avoient egalement

lement contribué au soing de la rendre si Prudente, & si Sage, plutost que l'age, & l'Experience, puis que sans le secours, ny de l'vn, ny de l'autre, sa Prudence & sa Sagesse faisoient autant d'esclaves qu'elles avoient d'admirateurs. Que si dans ses premiers ans elle possedoit tous ces advantages, au dessus du commun, je vous laisse à penser, en quel degré d'honneur elle estoit elevee avec ces mesmes qualitez dans ses dernieres annees, puis que le temps contribuoit à sa perfection, autant que la nature. D'où vient aussy que la Renommee la louoit en mille lieux, avec toute sorte de langues, ayant apris de tous les peuples de la terre, qu'elle en estoit l'vnique Ornement.

Euripide nous asseure que les Conseils de la Prudence sont beaucoup plus vtilles, & plus necesseres que les soldatz d'vne Armee, d'autant que ceux-cy peuvent estre vaincus, & ceux-la sont tousiour invincibles, si le Ciel ne s'en melle, pour faire voir l'interest qu'il prend à tous nos dessains. Et je m'estonne à ce propos, de ce qu'on peint armee Pallas, Deesse de Prudence, puis qu'avec le moindre de ses effortz, tous ceux de la resistence sont inutilles. La Sagesse triomphe de tout, dit Socrate, & ceux mesme qui ne la cognoissent pas sont contraintz de la reverer, soubz quelque Immage qu'ilz se la representent, & soubz quelque nom qui luy donnent.

Il est impossible de s'imaginer jusques à quel point la Prudence de ceste Princesse se rendoit forte & puissante, si ses conseils estoient autant d'armees invincibles, qui triomphoient sur la terre à la gloire du Ciel, car elle ne disoit jamais son advis sur l'ocurrence des affaires qui se presentoiēt, sans estre tout à fait resignee à la volonté de Dieu, pour en atandre de se main levenement, avec ces mesmes sentimens de respect & de soubzmission qui luy estoient ordinaires; Aussy en voyoit-on le plus souvent le succez contre toute sorte d'aparance: Ce qui me fait croire, que cõme elle ne s'inthéressoit que pour le Ciel, il n'avoit des foudres que pour ses ennemis.

Seneque nous dict de l'Homme Prudent, qu'il ayme avec moderation, qu'il souffre patiemment, qu'il parle avec raison, qu'il tient tout ce qu'il promet, & vit enfin sans passion avec elles.

Ramantenez-vous vn peu les actions de Nostre Princesse, & admirez à mesme temps dans vostre memoire les merveilles de sa Prudence, puis qu'elle aymoit moderement toutes choses, fors que Dieu: car ses desirs & ses pensees s'abismoient dans cest amour, affin qu'il n'eussent jamais ny bornes ny limites, Reverez les Prodiges de sa Sagesse, puis que sa Patience en estoit vn tout nouveau à nostre siecle. Adorez disje, la grandeur de céte vertu en céte Vnique Infante, puis que ses parolles estoient vne nouvelle Logique, qui aprenoient l'ar de raisoner à tout le monde. Et enfin n'ayez plus de voix que pour publier son merite par céte gloire, puis que ses promesses & les effectz, ne differoient jamais que de nom, leur donnant à peine de l'intervalle, & puis qu'elle n'estoit capable de passion, que pour conserver l'empire qu'elle s'estoit acquis sur toutes ensemble.

C'ét l'Office de la Prudence de supporter les fautes d'autruy; O que Nostre Princesse estoit Sage! Elle s'accusoit de toutes les fautes qu'elle pouvoit commettre, pour excuser plus aisement, celle que son prochain avoit

avoit commiſes, croyant qu'elle en eut peu eſtre convaincue auſſy bien que luy, ſi Dieu l'eut privee vn ſeul moment de ſa grace.

C'ét l'Office de la Prudence de s'eſtudier continuellement ſoy-meſme, pour devenir ſçavant à ſe cognoitre. Confeſſons promptement que Noſtre Infante ne pouvoit plus rien aprandre dans l'eſcole de la Sageſſe, comme eſtant elevee à ce ſouverain degré de perfection, ou la cognoiſſance de ſoy-meſme ſervoit de fondement. C'ét en fin l'Office de la Prudence d'eſtre touſiours à l'abry de la cenſure & des reproches. Quelle ſageſſe pouvoit s'eſgaler à la ſienne, ſi l'envie meſme ne pouvant la louer, n'a jamais oſé en medire; & quoy qu'elle n'eut point d'autres ennemis que ceux qui l'eſtoient de la Vertu, ilz reſpectoient ſi fort les ſiennes, qu'ilz s'eſtudioient à ſe taire; & je prendz leur ſilence pour vn deffaut de pouvoir, à conçevoir des louanges qui fuſſent dignes d'elles.

Ariſtote ſouttient en ſes Ethiques, qu'il eſt impoſſible qu'vn homme vrayment ſage, ſoit meſchant, & en effect c'ét vne Vertu qui contient en ſoy toutes les autres: car vn Homme Prudent eſt charitable, ne s'eſtudiant d'ordinaire à cognoitre les deffautz d'autruy, que pour les excuſer, aprez en avoir donné la correction ſecrete. Il eſt humble, puis qu'il ſe rend ſçavant dans ſes propres miſeres. Il eſt temperé, parce que la force de ſon eſprit, prodomine touſiours ſur celle de ſes ſens, & de la ſorte il s'eloigne des extremitez, & ſe tient dans vn milieu, ou céte Vertu marque ſa place.

Ne peut-on pas donc ſoutenir hardiment, que Noſtre Princeſſe poſſedoit toutes les vertus enſemble, puis qu'elle eſtoit parfaitement ſage. Ie vous ay fait voir mille temoings de sa Pieté, je vous en ay produitz autant ou d'avãtage, de sa Charité, ceux de sa Iustice sont sans nombre, & sa Temperance n'en a pas moins. Son Humilité a eu des admirateurs par toute la terre, & ses autres vertus se sont rendues egalement adorables en divers lieux.

L'Histoire nous raporte la Prudence d'vne ISABELLE Reyne d'Espaigne, Femme de FERDINAND, laquelle gouverna son Royaume avec tant de sagesse, que ses ennemis mesme furent contraintz de luy donner des louanges, mais si vous prenez la peine de lire sa vie, vous remarquerez par tout, qu'elle n'est pas inimitable.

Nostre Divine ISABELLE ne se satisfaisoit pas d'estre Prudente comme les autres Princesses, que l'avoient precedée dans le regne, ses pensees, ses paroles, & ses actions estoient quatre differentes ouvrieres de vertu, qui travailloiẽt continuelemẽt à l'envy l'vne de l'autre, pour en acquerir la derniere couronne, comme si son cœur tout genereux, n'eut peu conçevoir d'autres desirs que ceux qui la faisoient aspirer au comble de la perfection, ou elle estoit à la fin parvenue. Il n'apartient qu'aux ames ignobles & returieres de borner leur ambition à la cõqueste d'vne gloire moderée par vne peur semblable; Mais vn esprit de la trempe de celuy de Nostre Chere Infante, ne pouvoit marquer sa visee plus bas que le Ciel, abandonnant son corps, pour en acquerir la gloire, à toutes les souffrances de la terre.

On a beau publier à l'honneur de Philé, Femme de Demetrius, Roy de Macedoine, qu'en ses jeunes ans elle donnoit conseil à son Pere Antipater, sur des affaires d'importance, sa Sagesse estoit vn continuel object d'admiration, devant ceux mesme qui mesprisoient toutes

toutes chofes,il faut toufiours confeffer que fa Pruden-ce eftoit vne ouvrage de la nature, puis qu'elle n'agif-foit que par elle, & avec elle: De forte que le chemin de cefte Vertu Morale, qu'elle pratiquoit, eftoit remply de pierres qui la faifoient broncher fouvent, par la pri-vation de la grace, qui feule nous peut fervir de guide & de lumiere, en tout temps,& en tous lieux,pour voir la fin de nos defirs & le fuccez de nos entreprifes.

Ie ne veux point celler les louanges qu'on a donnees à cefte Princeffe eftrangere, pour la vertu de fa Sageffe; Mais auffy ne puis-je pas defrober l'honneur qui eft deu fi juftement au merite de Noftre Chere Infante, touchant fon extreme Prudence, puis que dans fa per-fection, elle ne pouvoit fouffrir de raport ny de l'egali-té,qu'avec elle-mefme. Combiẽ de fois le Roy fon Pere confultoit l'oracle de fon jugement, pour aprandre de fa bouche le fuccez des affaires, comme fi la lumiere de fa Sageffe,& de fa Prevoyance, euffent efté vn don de Prophetie. Combiẽ de fois,diray-je encore,fe treuvoit on en peine de marquer le temps de fon enfance, eftant contraint de donner au merite de fes premieres pen-fees, vn age qui leur fut fortable: Tellement que les jours de fon enfance & de fa premiere jeuneffe eftoient oubliez par force, comme ayant preft é leur lumiere à vn nombre infiny d'actions, toutes memorables, que cefte Princeffe avoit faictes, & qu'on louoit auffy pu-bliquement,mais fans dire toutes-fois fon age,affin que la croyance n'en fut pas penible.

Ne croyez pas maintenant que la nature feule fut l'ouvriere de toutes ces Merveilles,le Ciel y cõtribuoit fes graces, pour en reçevoir la gloire, par les humbles recognoiffances que cefte Princeffe en meditoit continuelement. Et c'eſt en vain qu'on s'eſtudie à chercher de l'eſtime, & de la louange dans les actions de la vie, ſi l'on ne ſe diſpoſe à reçevoir les graces qui ſont neceſſeres pour les faire rehuſſir heureuſement, ceſte eſtime ſe convertit à la fin en infamie, & ceſte louange en des honteux reproches, qui livrent nos cœurs à la genne de mille repentirs.

Quelque advantage de nature que Noſtre Princeſſe eut pour agir ſagement, & avec beaucoup de lumiere en toutes choſes, ſa Vertu tiroit touſiours la ſienne de celle de la grace, ſe diſpoſant de la reçevoir, comme la ſeule cauſe de ſes effectz, le premier motif de ſes ſentimens, & l'vnique eſprit de vie, qui animoient egalement, & ſes actions, & ſes penſees. Auſſy admiroit-on ſa Prudence ſans pareille, & la memoire aujourd'huy en eſt encore ſi pretieuſe, qu'on doubte ſi les ſiecles à venir produiront vn ſujet digne de l'honneur immortel qu'elle s'eſt acquis.

Ie ne veux point parler de la Prudence de Zenobie, Reyne des Palmireens, quoy que digne de l'aprobatiõ publique qu'on luy a donnee, & moins encore de la Sageſſe de Pulcheria, qui ſortãt du berceau, n'aprit à parler que pour dõner conſeil aux plus ſages. Ce n'eſtoient que des effortz de la nature, qui dãs leur violence treuverent promptement leur fin. I'offencerois le merite de Noſtre Princeſſe, ſi je faiſois cõparaiſon de ſes Vertus toutes divines, avec ces autres puremẽt naturelles, qui n'avoient rien de louable que l'action ou elles ſe determinoient, cõme eſtant privees du Principe de la grace, qui ſeule leur pouvoit donner du prix & de l'eſtime. Ie pourſuis mon chemin.

La ſeule conſideration de ſa Vertu de Liberalité, me

rendoit

rendroit prodigue de louãges, en publiant sa grandeur, si elle-mesme ne me forceoit contre mon humeur, d'en estre avare, puis que toute l'estime que je luy sçaurois donner, ne fait qu'vne partie de celle qu'elle merite: De sorte que ma volonté seule se peut dire aussy liberale qu'elle, dans le dessain que j'ay de vous representer ceste nouvelle Vertu qu'elle possedoit, n'estant point capable de vous en produire les effects. Ce n'est pas pourtant que je n'employe tous les effortz de mon esprit à vous en exprimer quelque chose; Mais en ceste entreprise, vous cognoistrez plutost mon deffaut, que sa perfection.

N'est-ce pas vne chose estrange, qu'à force d'avoir des temoings pour vous preuver la Liberalité de ceste Digne Princesse, les termes me mãquent pour vous en faire l'argument: car quel ordre puisje garder en ce dessain, si ses bien-faitz se sont voulus rendre sans nombre, pour estre sans exemple. Quels dons n'at elle point faitz, & à qui refusoit elle quelque chose. Tous les plus grands Monarques de la terre, ont leurs cabinetz parez de ses presens; & lors qu'elle en reçevoit d'eux par revenche; elle n'en gardoit que le souvenir, donnant leur valeur aux pauvres, comme aux seuls officiers secretz qu'elle avoit choisis pour la garde de ces thresors : & de ceste sorte tous les grands dons qu'elle faisoit, revenoient à l'utilité de son prochain, comme ne semant jamais de ces faveurs, que pour leur en faire recueillir les fruitz en abondance.

Seneque nous dict de la Liberalité, que c'est vne vertu si propre aux Roys, que leur Majestez seules sont capables de faire admirer la sienne. Ce n'est pas qu'elle perde jamais son esclat & son lustre; mais il faut confesser auſſy, qu'il ſont à leur jour dans le throſne de ces Puiſſances Souveraines, & que hors de la, ceſte Vertu perd quelque choſe de ſa grace; quoy qu'elle ſoit tousjours elle-meſme. Que ſi vous deſirez voir maintenant ceſte verité ſans voile, & ſans rideau, je n'ay qu'a vous ramantevoir la Liberalité de Noſtre Princeſſe, Liberalité vrayment Royale, comme inſeparable d'vne Puiſſance Souveraine, laquelle luy cõſervoit ſa majeſté, ſon eſclat, ſon luſtre, & toutes ces graces qui donnent le dernier prix à ſes actions: car deſlors que ſon cœur genereux conçevoit quelque nouveau deſir de liberalité, il y avoit ſi peu d'intervale de la volonté, à l'effect, qu'à peine ſçavoit-on marquer le temps de la duree, à cauſe de ſon pouvoir abſolu, qui metoit en œuvre toutes ſes charitables penſees; & ce qui eſtoit encore de plus admirable, c'eſt que le plaiſir qu'elle prenoit à donner, adjoutoit tant de grace à l'action, qu'elle obligeoit tousjours deux fois les perſonnes, quoy qu'elle ne leur fit qu'vn preſent.

Valere nous dict de Gillas Agrigentin, que ſon bien eſtoit commun à tous les pauvres, & que meſme il donnoit toutes ſes penſees aux ſoings d'en amaſſer pour eux. Fulgoſe nous aſſeure de Ptolomee Philadelphe, Roy d'Egypte, qu'il eſtoit ſi liberal, qu'on ſe treuvoit contraint d'oublier ſes bien-faitz pour eſtre ſans nombre. Plutarque loue grandement Cymon l'Athenien, pour avoir fait abatre les meurs, & oſter les hayes qui entouroient ſes terres, affin que les pauvres y peuſſent entrer en foule, & à tout heure.

Tous ces exemples pourtant, ne nous diſent rien de la Liberalité de Noſtre Princeſſe: car elle eſtoit liberalle, non ſeulement de ſes biens envers les pauvres, mais encore

encore de ses continuelles prieres envers ses ennemis: Elle estoit Liberalle, non pas jusques à faire perdre la memoire de ses bien-faitz; parce qu'ilz estoient extremes, de-mesme que sans nombre, mais jusques à vn point, ou la nature seule ne peut attaindre, selon mon sentiment. Elle estoit Liberalle diray-je encore, au-delà de cest aveugle Athenien, puis qu'à la lumiere de la Foy, & de la Grace, elle exerceoit des charitez qui n'ont jamais eu de nom propre, pour estre trop parfaictes.

Nicephore employe tous les effortz de son esprit, pour louer dignement la Liberalité de l'Imperatrice Helene envers les pauvres: comme aussy celle de Placille, Femme du grand Theodose, & S. Hierosme dict des merveilles de la Vefve Paule, touchant la mesme Vertu. En effect je veux croire que ces Dames exerçoient la Liberalité, avec de sentimens si genereux, & si charitables, que tout à la fois en se souvenant de faire des aumosnes, elles oublioient ces actions, pour en faire tousiours des nouvelles, dont elles perdoient aussy le souvenir.

Ie puis dire de Nostre Infante, qu'elle estoit Liberalle. Mais si j'estois obligé à vous representer jusques à quel point, je m'acquitterois de ceste debte, en vous representant mon impuissance: car sans mentir, quand je vous en aurois marqué tout ce que je m'en imagine, à peine en cognoitrez vous vne partie. Toutes-fois je doibs cela à son merite & à ma conscience, de publier ce que j'en sçais, considerant d'ailleurs que l'excez de mon deffaut, temoignera l'extremité de sa perfection.

Ne vous imaginez donc pas, qu'elle fut liberalle de

ſes biens ſeulement. Son eſprit l'eſtoit de ſes penſees envers ſon prochain, en conçevant tous les jours des nouvelles pour ſon utilité : ſon ame l'eſtoit de ſes paſſions, envers tout le monde enſemble, puis qu'elle en avoit de particulieres, tant pour la paix publique, que pour ſon ſalut. Elle l'eſtoit encore de ſes ſoings, & de ſes veilles, envers ſon peuple, ne violant jamais céte loy, qu'elle s'eſtoit impoſee de donner les plus pretieux momens de ſa vie, à l'eſtude de le bien gouverner, comme ſi elle eut aprehendé d'encourir les reproches de toutes les fautes qu'il pouvoit commettre.

Ce ne ſont point encore la les limites de ſa Liberalité, puis qu'elle s'eſtandoient audela de la nature, & juſques en l'autre monde, faiſant tous les jours celebrer en diverſes Egliſes vn grand nombre des Meſſes, pour la delivrance des ames de Purgatoire. Quelle Liberalité peut aller plus avant, ſi l'Eternité en marque l'eſtandue: car en ceſte action, ſes deſirs & ſes penſees ſe donnant vn object digne de la vertu, dont ilz eſtoient animez, aprez avoir conquis & meſpriſe toutes les couronnes de ce monde, ilz ne pretendoient qu'à la ſeule gloire de l'autre, ne pouvant terminer leur ambitiõ d'vne moindre conqueſte : apres disje que ceſte Princeſſe avoit exercé ſa Liberalité ſur tous les ſujetz que la terre luy pouvoit offrir, elle ſe rendoit encore liberalle de ſes prieres envers les morts, pour leur ayder à monter au Ciel, ne pouvant leur en donner les felicitez. Ne ſont ce pas des merveilles vniques & ſans exemple, dont le tẽps ne devorera jamais le Renom. I'ay trop d'inthereſt à louer la Liberalité de ceſte Princeſſe, pour paſſer plus outre, quoy que la raiſon m'y oblige; je laiſſe ceſte carriere libre, à ceux qui me ſuivront en ce deſſain, puis que d'ailleurs d'ailleurs les bien-faits que j'en ay reçeus, me forcent à me taire, pour les estimer plus dignement dans mon silence, n'ayant point des termes qui puissent exprimer la recognoissance qui leur est deue.

Ie confesse de nouveau mon impuissance à louer sa Vertu de Chasteté; parce qu'il me faudroit conçevoir des pensées aussy pures qu'elle, pour exprimer sa perfection, & c'est vn but ou personne ne peut attaindre. Ce n'est pas que ceste vertu ne luy fut propre & naturelle, de-mesme qu'à toutes celles de sa Race, & que de la sorte ce ne soit en quelque façon publier son merite par ceste Verité. Mais il est important de considerer, que comme toutes les vertus ont leurs degrez de grandeur & d'eminence, celle de Chasteté reluisoit en Nostre Princesse d'vn esclat nonpareil, sans eblouir toutesfois, affin qu'en l'admirant, on en peut devenir esclave, à force de l'aymer. Ce qui m'oblige d'employer tous les effortz de mon esprit, pour vous en representer quelque foible crayon, selon les idees que je'n ay conçeues, mais ce sera aprez vous avoir protesté, que mes sentimens & mes parolles sont si fort rabaissez au dessoubz de ce sujećt, que je doubte encore, si le veu de mon silence mesme seroit assez respectueux, pour honnorer dignement sa gloire, puis qu'elle surpasse mon imagination.

Ie vous diray donc avec trop d'hardiesse, parlant de sa vertu de Chasteté, que son ame en estoit vn Temple, & son cœur vn Autel, ou ses desirs, ses pensees, ses parolles, & ses actions, faisoient à tous momens des sacrifices, ne desirant rien, qu'avec vne pureté d'esprit & de conscience, qui justifioit tous ses souhaitz, c'estoit aussy de céte source, d'ou ses imaginations procedoient, &

ſes diſcours, de-meſme que ſes effectz en eſtoient encore les ruiſſeaux, dont l'admiration eſtoit commune, comme je vous ay dict, pour faire des eſclaves.

Il eſt vray, ſes deſirs eſtoient chaſtes, mais juſques au point d'employer ſes ſoings, & tous les effortz de ſa Puiſſance Souveraine, pour les rendre vtilles à ſon prochain: ſes penſees eſtoient chaſtes, mais d'vne maniere ſi rare, que ſon eſprit n'eſtoit plus capable d'en conçevoir d'autres, ayant changé en nature l'habitude qu'elle en avoit priſe, ſes parolles eſtoient chaſtes; mais avec vne telle vertu, qu'elles perſuadoiẽt puiſſamment tous ceux qui l'ecoutoient de quitter le vice: ſes actions enfin eſtoient chaſtes, mais ſi parfaictement, qu'il ne faloit point d'autre eſcole pour le devenir, & je ne m'eſtonne pas auſſy ſi leur exemple a ſervy de leçon aux Dames les plus ſages, pour l'eſtre tout à fait.

D'où vient, que S. Baſile ſoutenoit à ce propos, que la Vertu de Chaſteté ne conſiſtoit pas ſeulement en la continence du corps, mais auſſy en la pureté de cœur, des pẽſees, des paroles, des regars & des habits, en quoy Noſtre Infante eſtoit ſi auſtrere pour mettre en pratique tous ces preceptes, que la mediſance meſmes, qui n'eſpargne pas l'innocent, n'a jamais oſé luy donner quelque attainte. Ie prendz maintenant à temoing, tous ceux qui ont eu l'honneur de la voir, pour confeſſer avec moy, s'ilz ont jamais admiré ſur vn viſage Royal, vne Majeſté plus chaſte que la ſiene: car ſans mentir, tous les traitz de ſa face, nous repreſentoient ſi naturel la Chaſteté, que je m'imagine que les peintres ſe ſerviront d'ores-en-avant du Pourtrait de cete Princeſſe pour peindre cete Vertu. Voicy des nouvelles veritez.

Ne

Ne croyez pas que ceste Grande Infante fut ſatisfaicte de la Chaſteté qui luy eſtoit propre, elle en impoſoit encore des loix ſi auſteres à toutes les Dames de ſon Palais, qu'elles y vivoient comme dans vn Cloiſtre, mais avec tant de ſatisfaction, qu'elles ne ſongeoient jamais au jour de leurs nopces, comme à celluy de leur ſortie, ſans palir d'aprehenſion, ou ſans pleurer de triſteſſe, puis qu'en effect ce Palais eſtoit vn nouveau Paradis Terreſtre, ou tous les plaiſirs innocens ſervoient de fruictz, & toutes les Vertus d'exemple.

Combien de Cloiſtres encore de Religieuſes a fondé ceſte Princeſſe, en divers lieux, comme autant de Temples, ou l'on ne ſacrifie qu'à la gloire immortelle de ceſte Vertu de Chaſteté, en quoy elle s'eſt rendue ſi admirable, que l'on a remarqué que les petitz enfans aprenoient auſſy toſt à la louer, qu'à parler, au bruit des louanges publiques que tout le monde luy donnoit.

On nous parle de la Chaſteté de Dryas, Fille de Faunus, pour eſtre ſi chaſte qu'elle n'eut jamais la hardieſſe de regarder vn homme: comme auſſy de celle de Martia, Fille de Varro, laquelle, quoy qu'excellente en l'art de peinture, n'eut point le courage de peindre vn garçõ. On n'oublie pas encore celle de Mica, qui choiſit le giron de ſon Pere, comme vn autel ou elle fut immolee pour y avoir heureuſement ſauvé ſa Chaſteté. Ie veux que ces Dames ayent merité toutes les courones de leur ſiecle, leur gloire & leur reputation n'ont pas duré d'avantage; que ſi l'on en parle encore toutes-fois aujourd'huy, c'eſt par compaſſion, plutoſt que par envie, puis que leur vertu n'en portoit que le nom, n'ayant pour object que la vanité, & pour fondement qu'vne louable habitude.

Ne vous imaginez pas encore, que je veuille faire cõparaison de la Chasteté de ces Dames Illustres, avec celle de Nostre Infante, les raportz en sont trop eloignez, & les convenances si dis-proportionnees que tous les effortz de mon esprit n'en sçauroient rendre l'exemple raisonnable. La vertu de Nostre Princesse n'avoit point d'autre nom propre, que celluy d'vnique & d'inimitable. Nom, que la voix publique luy avoit donné, & que la Renommee luy conservera, dans l'inconstance des siecles.

Personne n'ignore qu'elle estoit grandement chaste, mais fort peu de personnes ont cognu aussy la grandeur de son merite, touchant ceste Vertu, parce que comme elle la possedoit dans vn eminent degré de perfection, on l'admiroit avec humilité, plutost qu'on ne la cognoissoit avec science. On peut croire charitablement que toutes les Dames sont chastes; mais de l'estre comme ceste Grande Infante l'a esté, ces graces sont si peu communes, qu'elles meritent des autels & des sacrifices sans idolatrie. Ie change de termes.

C'estoit vne Loy parmy les Romains, que les chastes Matrones qui avoient servy de Miroir, & d'exemple de Pudicité au Publicq, fussent hautement louees par des oraisons funebres: qu'on celebrat leurs funerailles avec toute sorte de magnificence, & que leurs Statues fussent elevees pour servir de memoire à la Posterité, comme on fit à la Venerable Cornelie, Fille du Grand Scipion, & Femme de Tiberius Gracchus, à Vetruria, Mere de Martius Coriolan, & à sa Femme Volumina. Que si ceste mesme Loy nous estoit imposee aujourd'huy; Ne nous seroit-il pas impossible d'y satisfaire, sur le suject des louanges qui sont deues à

ceste

ceste Incomparable Princesse: car dans quels Oraisons Funebres sçauroit-on comprendre son merite, si la moindre de ses vertus, pouvoit servir d'exemple aux plus parfaicts. De celebrer dignement ses funerailles, c'est vn ouvrage ou l'on sera tousiours aprantif, puis que le monde n'a point d'escole pour en aprandre la Maitrise : & d'elever ses Statues à la gloire de nostre siecle, & à la felicité de ceux qui le suivront. La Renomee nous a prevenus dans ce dessain : car elle a desja gravé son nom & sa memoire sur toutes les pierres d'atante qui en meritoient l'honneur, pour les eterniser icy bas, cõtre les reigles generalles du temps dont l'exception nous est encore incognue. Tellement que nous nous treuverions dans vn grand desordre, ou plutost dans l'impossibilité, pour obeir à ceste ordõnance, si elle nous estoit faicte, puis que tout nous deffaut : Ie ne dis pas seulement pour executer vne si haute entreprise, mais encore pour en conçevoir les pensees dans la foiblesse ou nous sommes reduitz. Il me suffit d'en confesser la verité, sa cognoissance servira d'excuse treslegitime. Ie vay tousiours plus avant.

Sa Vertu de Pauvreté a ses louanges toutes particulieres, ses prerogatives & ses honneurs affectez, pour acquerir des nouvelles couronnes : En effect son merite extraordinaire nous demãde des pareils respectz, comme digne d'vne gloire qui n'est pas commune. Quelle Merveille, ceste Princesse nee parmy les sceptres & les couronnes, elevee à la compagnie des Grandeurs, & tousiours asise sur des Thrones, n'avoit point de plus forte passion que celle du mespris de toute ce vaine gloire, faisant profession secrete en ses jeunes ans, d'vne pauvreté volontaire, je dy secrete en son jeune age, ne pouvant diſpoſer d'elle-meſme abſolument; mais publique en ſes derniers jours, je veux dire deſlors qu'elle fut toute à ſoy, par la perte qu'elle fit de ſa chere moitie. Elle avoit beau poſſeder vn nõbre infiny de Threſors & des Richeſſes inſeparables de ſa condition, elle ny penſoit jamais pourtant, que pour ſe fortifier en la reſolutiõ determinee qu'elle avoit priſe, de n'y attacher point ſes deſirs, ny ſes affections, & de vivre touſiours avec elles, ſans elles. De ſorte que la Grandeur de ſes Richeſſes ne ſervoit qu'à repreſenter la grandeur de ſa Pauvreté, puis qu'à legal de ce qu'elle eſtoit riche, elle affectoit d'eſtre pauvre, n'ayant rien de propre que la paſſion de mourir dans le monde, avec la meſme pauvreté qu'elle y eſtoit nee.

Le Saint Abbé Paſunctius, parlant de ceſte Vertu, ſoutenoit qu'on ne ſçauroit eſtre vrayment pauvre, qu'en retirant ſon cœur de toutes les affections de la terre, & qu'en ſe depouillant de ſoy-meſme, par vne reſignation abſolue à la volonté de Dieu, comme ne pouvant la poſſeder, qu'en n'ayant rien de propre. Ce qui me contraint de croire, que Noſtre Princeſſe faiſoit dignement profeſſion de pauvreté, puis que la Terre cauſoit tous ſes meſpris, & toutes ſes haines, & le Ciel tous ſes deſirs, & toutes ſes paſſions ; que ſi elle avoit pourtant quelques threſors en reſerve, c'eſtoient touſiours de threſors de pauvreté, puis que les pauvres ſeuls en eſtoient enrichis. Imaginez vous encore combien de fois céte Princeſſe ſe depouilloit, comme d'elle-meſme, par vn tranſport de l'amour divin, dont ſon cœur eſtoit embraſé, pour elever ſon eſprit à la meditation des felicitez eterneles : & dans ces penſees ordinaires qui l'occupoiẽt; n'eſt-il pas croyable qu'elle s'habituoit à ſe detacher peu à peu, je ne dis pas du monde : car les liens en estoient rompus, mais de soy-mesme, affin de n'avoir rien de plus propre, que le seul mespris qu'elle faisoit de toutes choses. Ie vous en laisse le jugement.

Fulgose remarque d'Aristides, qu'il disoit d'ordinaire, que ceux tant seulement qui estoient pauvres malgré eux, debvoient avoir honte de l'estre, par ce qu'ils souffroient beaucoup, sans remporter de la gloire de leurs peines : Et qu'il y avoit plus d'honneur d'estre pauvre volontairement, que de sçavoir bien vser des richesses. Qui croira que ce sont des parolles sorties de la bouche d'vn idollatre ; & à ce propos Aristote nous dict, qu'vn homme heureux n'establit jamais sa felicité sur les richesses du monde, puis qu'elles sont imaginaires, mais plutost sur la Vertu, comme seule capable de donner le repos que nous cherchons, & d'en jecter dans nos ames des solides fondemens. Que Ciceron parle sagement sur ce suject dans ses paradoxes, lors qu'il nous asseure, que les vrays biens, comme ceux de la pauvreté volontaire, delectent sans aucune crainte, & que tout au contraire, les biens des richesses produisent des petits plaisirs avec des grandes peines, tant en leur acquisition, qu'en leur jouissance, & beaucoup plus encore en leur perte : car representez-vous, que les soucis de la conqueste, les espines de la possession, & la mertume de la privation infalible, sont les fleurs & les fruicts du jardin des Mauvais-Riches. D'où vient que S. Augustin blasme grandement ceux qui mettent au nombre des biens les Thresors, puis qu'ils sont cause de la plus grande partie des maux qui se font dans le monde.

Nostre Princesse estoit bien eloignee de ces sentitimens , faiſant ſi peu de cas de toutes ſes richeſſes, qu'elle en eut perdu tout à fait la memoire , ſi elle eut peu oublier les pauvres,mais leur neceſſité l'obligeant à mettre ſes threſors au rang des choſes neceſſeres , elle les aymoit pour l'amour d'eux , comme ſi elle ny eut peu jamais treuver de ſatisfactiō,que pour leur intereſt. Ce qui me fait croire qu'elle cherchoit egalement ſes plaiſirs , & dans ſa pauvreté , & dans ſes richeſſes, puis que celle-là,en la privāt de ſes biens de la terre , la combloit à meſme temps des graces du Ciel , & que celles-cy , luy ſervoient d'vn continuel moyen , en les diſtribuant par charité, de s'enrichir eternelement d'vne autre ſorte de threſors , qui ſont hors de prix,& hors d'eſtime.

N'eſt-ce pas vne Merveille incognue à noſtre ſiecle, de voir ceſte Grande Princeſſe , aſiſe des ſa naiſſance, ſur le plus haut throne de la Fortune , & environnee continuelemēt de tous les objectz de grandeur, qu'on admire dans la Cour des Roys & des Princes , faire profeſſion publique du meſpris de toutes ces vanitez, & vivre parmy les magnificences qui eſtoient affectees à ſa condition ſouveraine , avec vn cœur inſenſible à tous leurs apas, & avec vne ame qui aymoit la pauvreté ſi paſſionnement , qu'on pouvoit ſoutenir, qu'elle n'avoit rien de propre que ce meſme amour , tant elle eſtoit parfaicte.

Pline nous repreſente Quintus Cincinatus en action de labourer ſes terres,& avec vn viſage egalement couvert de ſueur,& de poudre,lors qu'on luy fait preſent, de la part du Senat,de la Robe de Dictateur;& il nous aſſeure en ſuitte , qu'aprez l'avoir acceptee pour le ſeul intereſt du Publicq , vaincu ſes ennemis , dans vne fameuſe

meuse bataille, & receu l'honneur du triomphe qui estoit affecté à sa victoire, il se depouilla de ceste Robe pour estre quite des soings qu'elle luy donnoit, & s'en revint continuer le labourage de son champ, à dessain sans doubte de moissonner les fruictz du vray repos qu'il luy produisoit. Exemple digne de remarque, & capable de faire rougir de honte, ces sages du temps, & à la mode, qui font leur Dieu de leur thresor, & qui metent les Grandeurs au rang des souveraines felicitez. O qu'ilz changeroient biẽtost de creance, s'ilz avoient consulté ce grand S. Gregoire, avec vn esprit humilié pour se disposer à concevoir vtilement ses divines pensees, exprimees en ces termes. Que celuy-là seul se peut dire vrayment riche, qui l'est devant Dieu. Thresor que Nostre Princesse possedoit, puis que ses plus grandes Richesses, ne consistoient qu'en vertu, ce n'est pas que le Ciel n'eut pris plaisir de la combler des biens de la terre; mais elle sçavoit si bien l'art de s'en servir au profit de son prochain, que toutes ses Grandeurs qui eussent servy de suject de vanité à vn autre, contribuoient egalement au salut de son ame.

L'Oracle d'Apollo ce fameux Devin, estant consulté, pour sçavoir quel estoit le plus-heureux du monde, repõdit que c'estoit vn pauvre homme nommé Aglus, lequel n'estoit jamais sorty hors des limites de son champ, ayant doucement passé le temps de ses longues annees, dans les delices innocentes d'vne vie pareille, sans cognoistre ny les soucis, ny les espines, par leur nom seulement.

Ne puis-je pas dire à ce propos avec beaucoup plus de raison, que si Dieu eut hõnoré nostre siecle, de quelque Prophete, & qu'on l'eut consulté pour aprandre de luy, qu'elle estoit la plus heureuse Princesse de la terre, qu'il eut repondu que c'estoit Nostre Grande Infante, puis qu'elle trouvoit vne source inepuisable de bon-heur, & de felicité dans sa propre conscience, vivant d'vne maniere si innocente, que je croirois plutost comme on nous a voulu persuader, qu'il y a des taches au soleil, qu'en la vie de ceste Chere Princesse.

Sa vertu d'obeissance n'estoit pas moins parfaicte que les autres; comme elle avoit des qualitez vniques & sans exemple, elle meritoit aussy des couronnes d'vn honneur qu'on admiroit rarement icy bas. Il vous semblera peut-estre estrange d'abord, qu'vne si Grande Princesse, Souveraine de naissance, Absolue de condition, & dont les paroles pouvoient faire des loix à toute heure, eut le moyen de pratiquer l'obeissance, ne voyant rien au dessus d'elle, que Dieu seul. Quelle apparance en effect, que parmy les Grandeurs de sa Cour, & avec vn pouvoir redoubté de ses ennemis, de-mesme que de ses sujectz, elle se mit en peine de chercher à tous momens l'occasion d'obeir, plutost que de commander, comme si elle eut oublié sa qualité & son propre merite. I'advoue qu'en ces actions l'estonnement est permis, mais vous confesserez aussy, aprez vous avoir donné mille temoings de mes parolles, que l'admiration ne sufit pas pour temoigner l'honneur & le respect qui sont deus egalement à vne Vertu si eminente, & si peu commune.

Il est donc vray, que Nostre Princesse estoit elevee à vne condition qui rẽdoit absolus ses commandemens parmy des sujectz sans nombre, qui en souhaitoient la gloire: Mais tout le monde peut sçavoir aussy, qu'estant beaucoup plus grande de merite, que de naissance, je

veux

veux dire de vertu que de qualité, si elle n'ignoroit pas l'art de commander son peuple, elle sçavoit parfaictement celluy d'obeir à la Raison. Soustenons encore qu'ayant le mesme empire sur ses passions, que sur ses sujectz, elle ne laissoit pas en commendant de la sorte, d'exercer son obeissance, puis qu'en imposant ces loix de justice, elle satisfaisoit à celluy de sa conscience, pour vivre en repos.

Ne doibsje pas vous asseurer encore, pour vous representer ceste mesme perfection de son obeissance, qu'elle ne resistoit jamais aux continuelles inspirations que le Ciel luy donnoit, estant si disposee à soubzmettre ses volontez à celles de Dieu, qu'elle ne trouvoit point de suject de se plaindre dans les infortunes mesmes, comme estãt tout à fait resignee à subir sans murmurer, les loix de la Providence, quelques regoureusent qu'elles fussent.

Ie prendz encore à temoing ses serviteurs domestiques, comme admirateurs ordinaires des plus particulieres actions de sa vie, de l'exacte obeissance qu'elle rendoit aux commandemens de Dieu, & à ceux de l'Eglise, s'estant rendue si innocẽte par ceste habitude de Vertu, que je veux croire qu'õ eut esté souvẽt tenté de l'adorer, si ceste mesme vertu qui reluisoit en elle, & mille autres encore de mesme esclat, & de semblable estime, n'eussent preché toutes egalement le mespris des respectz, des louanges, & des vains honneurs de la terre.

On nous represente le Sacrifice d'Abraham, comme le plus sainct & le plus celebre qui ayt esté jamais faict sur l'autel de l'Vnivers, à la vue du Ciel, & de la terre. Sacrifice ou l'ardeur du zele, & le merite de l'obeisſãce feruoient, l'vn de glaive,& l'autre d'hostie : car la seule volonté d'Abraham est si puissante, qu'elle baigne l'autel du sang de la victime sans le repandre : & d'ailleurs, l'obeissance d'Isac est si parfaicte, qu'elle termine l'action du Sacrifice, avant qu'il soit commancé : d'où vient qu'il est couronné d'vne gloire immortelle, pour s'estre disposé au trespas, & Abraham comblé d'vn pareil bon-heur, pour s'estre immolé luy-mesme de resolution determinee, en voulant sacrifier son cher Isac. Mais quel des deux maintenant doibt emporter le prix de l'obeissance,ou du Pere,ou du Filz. Abraham obeit genereusement à ceste severe loy, qui luy commande de s'armer de fureur, pour deschirer ses propres entrailles ; & Isaac sans raisonner & sans se plaindre d'vn arrest qui l'exposant en victime, semble condempner son innocence,ferme tout à la fois & les yeux & la bouche,pour temoigner par ces actions,quoy que diferantes,& sa soubzmission,& son consentemēt ; quelle gloire pourroit on adjouster à celle qu'il merite. De moy,je metz le prix de l'obeissance en partage,affin que chacun aye la moitié de l'honneur qui l'accompaigne ; aussi-biē la nature les vnit si estroitemēt,que l'advantage de l'vn, est l'vtilité de l'autre. Ie me suis vn peu estandu sur ce suject, mais c'est sans m'eloigner de celluy que je traicte, puis qu'il s'agit tousjours de ceste vertu d'obeissance,que Nostre Infante a professé si divinement.

Voicy donc vn autre sorte de Sacrifice que ceste Princesse faisoit continuellement à la vue de tout le monde, de ses volontez & de ses passions inthimes de son ame, pour obeir au commandement de ce mesme Dieu d'Abraham, & d'Isaac. Elle n'avoit rien de plus cher que ses desirs & ses sentimens, comme faisant vne partie d'elle-mesme,& toutesfois, quelle obeissance, elle les offroit à toute heure au Ciel en victime, affin de ne posseder rien en propre sur la terre, que la seule esperance d'y mourir vn jour, pour revivre eternelement dans ceste eternité glorieuse, où toutes ses pensees luy marquoient desja sa demeure. Il est vray qu'Abraham s'immola luy-mesme, deslors qu'il resolut de sacrifier son filz; Mais ne peut-on pas dire aussy de Nostre Princesse, qu'elle se sacrifia dans ce moment, ou elle resolut d'employer tous ses soings, & toutes ses veilles, au gouvernement de son Peuple, qu'elle n'aymoit pas moins qu'vn Pere cherit ses enfans, puis que mesme nous avõs veu au travers de nos larmes, ce facrifice accomply & terminé, non pas comme celluy d'Abraham, ou l'hostie n'en porta que le nom, mais comme vn autre tout funeste, puis que nous souspirons encore aujourd'huy du trespas de ceste Grande Infante. Souspirs dont la source ne se tarira jamais, Trespas dont la memoire sera immortelle. Ie ne sçaurois m'arrester dans vn chemin si rabouteux.

On remarque des Romains, que pour avoir trop de Dieux, ilz n'en avoient point du tout, mais pourtant ilz ne manquoient pas d'obeissance, s'imposant euxmesmes, des loix d'vne vertu morale, qu'ilz pratiquoiẽt avec toute sorte d'austerité. Et à ce propos Tite-Live & Valence nous disent de Tiburtus Romain, & de Monilius Torquatus, qu'ilz tuerẽt tous deux leurs filz, pour avoir donné bataille contre leur commandemẽt, quoy qu'ilz eussent remporté la victoire, desirant faire voir à tous les soldatz de leur armee, par ceste exemple de severité, que l'obeissance leur estoit plus necessere, que le courage mesme, & qu'il leur estoit plus important de sçavoir obeir, que de sçavoir vaincre.

Mais pourquoy me serviray-je des histoires profanes, si l'escriture nous en produit vn grand nombre de sainctes, ou la verité paroit dans son esclat, & dans son lustre. Qui ne sçait pas que Saul fut victorieux contre Amalech, pour avoir executé le Commandement de Dieu, & qu'en suitte aussy il fut puny, ayant reservé le plus beau de sa cõqueste, pour en faire sacrifice au mespris de l'ordonnãce, qui le luy deffendoit; & ce fut alors que Samuel luy dict, que l'obeissance valoit mieux que le sacrifice.

Ne vous estonnez donc pas maintenant, si le sage s'escrie avec admiration, que celluy qui obeit, parlera des victoires: car ayant maistrisé sa propre volonté, pour la soubzmettre continuellement à celle de Dieu, la Renommee de son obeissance, ne nous entretiendra que de ses Triomphes.

Grande Princesse, qui possedez aujourd'huy dans le Ciel vn nombre infiny de couronnes d'honneur, pour autant d'actions d'obeissance, dont vous avez laissé la memoire sur la terre, puis que la mort vous a imposé silence, permettez moy de parler de voz victoires & de vos triomphes. S'il est vray, que celluy qui obeit, ne doibt jamais parler d'autre chose; Et tout le monde sçait, que vostre obeissance estoit Royalle & Souveraine comme vous: Tellemẽt que sa grandeur egalant son pouvoir, elle triomphoit dans le Mõde de luy-mesme, de la Chair avec elle, & des Demons, en leur presence. Ce qui m'oblige à chanter d'vn ton bien haut, & vos Victoires & vos Triomphes; mais ou trouveray-je des termes qui se raportent à l'honneur qui leur est deu, & à la gloire qu'ilz meritent. Grande Princesse je ne sçaurois

ſçaurois vous offrir que la grandeur de mon zele, puis qu'elle s'aproche de celle de voſtre Perfection, dont voicy des nouveaux temoings exemptz de reproche.

Sa Vertu d'Humilité eſtoit ſi grande, que ceux meſmes qui en conſideroit les actions, demandoient des nouvelles aſſenrãces pour s'affermir dans leur premiere opinion, doutãt en quelque façõ de ce qu'ilz voyoient; Et je puis ſoutenir hardiment, que ſouventes-fois on cherchoit des yeux, céte Tres-humble Princeſſe en ſa preſence, ne pouvãt s'imaginer en la voyant, que ce fut elle-meſme, comme rabaiſſée ſi fort au deſſoubz de ſa condition, que pour adjouter foy à céte verité, quoy que ſenſible, on eſtoit contraint de ſe ramantevoir ſa perfection, plutoſt que de contempler ſon viſage.

Ne publieray-je pas que ſon Humilité eſtoit grande, ſi ſes penſees, comme autant de miroirs, qui ne flatoient point, luy repreſentoient à toutes les heures du jour, les malheurs & les miſeres qui eſtoient propres & affectez à ſa nature fragile, & rempante, par le ſouvenir qui luy en eſtoit tousjours preſent.

Ne puisje pas vous aſſeurer, que ſon Humilité eſtoit extreme, ſi elle n'ouvroit jamais la bouche, que pour la pratiquer en la preſchant: car de quelque affaire qu'elle traictat, l'humilité qu'elle avoit gravé dans l'ame, ſe remarquoit dans le ſens de ſes diſcours, auſſi-bien que dans la maniere de les prononcer, comme choiſiſſant les termes les plus communs, pour cacher l'eloquence qui luy eſtoit propre.

Ne doibs-je pas encore vous dire, que ſon Humilité eſtoit Incomparable, ſi ſes actions ordinaires en faiſoient vne eſcole publique, ou l'on pouvoit aprandre de pratiquer avec beaucoup de merite, ceſte Royale Vertu: car soit qu'on la considerat dans ses audiences ordinaires, & publiques, ou elle s'entretenoit familierement avec des personnes de toute sorte de condition; soit dans les ruës, suivant à pied diverses Processions, ou soit encore dans vn nombre infiny d'autres actions particulieres, dont ses Dames domestiques estoient temoings, par tout, & en tout temps, elle faisoit admirer son humilité, sans y penser, comme n'estant point capable de reflexion, pour songer à la louange qui luy estoit deue.

Ne faut-il pas dis-je, que je laisse à la Posterité ceste Verité si importante, que l'Humilité de céte Princesse estoit toute Parfaicte, puis que la seule memoire de ses faictz glorieux, peuvent servir d'instructiõ aux plus sages. S. Bernard nous racontant des merveilles de pieté à son ordinaire, nous asseure que l'Humilité ne cõsiste pas seulement au mespris interieur de soy-mesme, mais encore à celluy des honneurs, des habitz, & de toutes les autres vanitez, qui nous peuvent tenter icy bas, soubz differens visages. Et c'ét en quoy Nostre Princesse paressoit si parfaicte, en paressant si humble, devant ceste sorte d'objectz, qui la pouvoient tenter d'ambition, ou d'arrogance, qu'à peine estoit elle sensible aux apas de leurs premiers effortz. Combien de temoings peuvent soutenir avec moy que les honneurs mesme qui luy estoient propres, je veux dire affectez à sa naissance, à son merite, & à sa condition, luy estoient si fort à charge, que ne pouvant les refuser, en aparance, elle en offroit à Dieu le mespris continuel qu'elle en faisoit dans son ame, pour se justifier, comme si elle eut esté coupable.

Elle avoit beau loger dans vn Palais superbe en matiere,

tiere, & magnifique en meubles, la plus petite des chābres marquoit sa demeure, sans autre ornement que celluy de la blancheur des murailles, & ceux qui ont eu la curiosité de voir son lict, m'ont asseuré que le plus pauvre bourgeois en pouvoit avoir vn aussy riche. De vous dire maintenāt de quelle estoffe estoient ses couvertures & ses matelas, vous n'avez qu'à vous ramantevoir la Perfection de ses vertus, pour estre aussy sçavās en cella, que mes pensees: car selon leur temoignage, je suis forcé de croire que les silices & les haires estoient egalement employez à ce secret vsage.

Ie croy que vous n'oublierez pas aussy, comme elle ne portoit jamais d'autres livrees, que celles de l'Humilité, estant vestue si simplement, que les estrangers né la pouvoient recognoitre par les ruës, qu'à la Majesté de son visage. Ie confesse que l'Humilité est vne Royale vertu, mais il faut que j'advoue aussy à mesme temps, que je ne l'ay jamais veue dans son throne, qu'en admirant ceste Princesse: car elle paressoit en elle seule, avec tant d'esclat, & tant de lustre, que tous les espritz arrogantz & ambitieux, se condempnoient eux-mesmes en sa presence, ne pouvant authoriser leurs passions, quoy qu'ilz en fussent idollatres.

La leçon d'humilité du bon Pere Dacrian, est admirable, lors qu'il nous enseigne de nous rabaisser au dessoubz du plus meschant homme du monde, considerant qu'il peut estre justifié tout à l'heure devant Dieu, & qu'en ce moment mesme que nous parlons, s'il recevoit autant de graces que nous, il nous pourroit surpasser en innocence. Leçon que Nostre Chere Infante pratiquoit dignement, car d'autant plus que ses confessions estoient ordinaires, & frequentes, & plus y emploioit elle de temps, comme si elle se fut confessee de toutes les fautes qu'elle eut peu commettre, sans l'aide de la grace.

Certes toutes les fois que je me represente ceste Grande Princesse, rabaissee aux piedz des pauvres, avec toute sa majesté, & toutes ses graces, en action de les leur laver, je ne m'etonne pas, si le Soleil, & tous les astres, sont au dessoubz de la gloire qu'elle possede; puis que son humilité en est le throne: car si elle est elevee dans les Cieux, à l'egal de ce qu'elle se rabaissoit en terre; n'est-il pas croyable, que le degré de sa felicité est tres-eminent. Ce n'est pas qu'en céte action, de laver les piedz aux pauvres, le jour du Ieudy sainct, elle n'eut beaucoup de compaignes, mais fort peu de pareilles; parce que son cœur se rabaissant encore plus bas que son corps, en ce devoir d'humilité, elle faisoit voir si clairement céte verité mesme, sans y penser toutesfois, qu'on estoit forcé de croire, en l'admirant, qu'elle estoit inimitable.

Ptolomee soustenoit qu'entre les sages, celluy-là estoit le plus grand qui estoit le plus humble; O que Nostre Princesse estoit donc Parfaicte parmy celles qui aspiroint sainctement au comble de la Perfection, puis que son Humilité luy servoit de Guide, & de Maitresse d'escole; Mais le prenant encore d'vn ton plus haut, publions hardiment, qu'elle estoit grandement
„ docte en la science de l'Eternité; s'il est vray que les se-
„ cretz du Pere Tout-Puissant, soit revelez aux hum-
„ bles.

Chacun sçait, que la Nature luy fit present au jour de sa naissance d'vn Sceptre, d'vne Couronne, & de toutes les Grandeurs que la Fortune peut donner; mais il est il eſt important de remarquer, que deſlors que ceſte Princeſſe eut attaint l'age de raiſon, elle ſe ſervit de ſa lumiere pour ſuivre les traces d'humilité que ceſte vertu luy marquoit, ſelon ſes inclinations. De ſorte que le meſpris qu'elle faiſoit de tous ces vains honneurs de la terre, croiſſant tous les jours avec elle, la premiere loy de ſouveraineté qu'elle impoſa, ce fut à ſes paſſions, les rendant eſclaves de ceſte ſeule, qui la portoit à meſpriſer le monde avec toutes ſes vanitez. Elle avoit beau donc eſtre grande & de naiſſance, & de condition, elle s'eſtoit tellement eſtudiee à ſe rabaiſſer dans l'eſcole de l'humilité, que toutes les fois qu'on l'apelloit de ce Nom d'Alteſſe, ſon cœur la faiſoit rougir, comme ſi elle eut eſté honteuſe de porter ce titre, ſe reſouvenant que Dieu meſme avoit pris le nom d'vn vermiſſeau.

O adorable Humilité! tu as beau te couvrir de confuſion, tout le monde admire ta gloire: Tu as beau te cacher dans ton ſilēce, chacun parle de toy: Tu as beau enfin te rabaiſſer dans toy-meſme, ne treuvant rien de plus bas que toy; comme la Terre eſt le ſujeƈt de ton meſpris, le Ciel eſt l'objeƈt de ta recompenſe, & l'Eternité ſeule, le fondement de ta Felicité.

Voilà le Portrait de ceſte Divine Infante, tiré aprez le Naturel, mais ſelon l'induſtrie de mon Pinceau, plutoſt que ſelon le merite du Sujeƈt: mais ſelon la portee de mon eſprit, plutoſt que ſelon le prix de la matiere. Tellemēt, que ſi je vous repreſente mes deffauts au lieu de ſes Perfeƈtions, ne vous en eſtonnez pas: La Nature ne fait point d'aprantifz de ce meſtier-la, les hommes peuvent bien avoir ce deſſain, mais il faut qu'ilz l'executent dans leurs penſees, ſans paſſer plus outre: Il n'apartient

partient qu'aux Anges de le desirer, & de l'entreprendre, puis que tout contribue à leur pouvoir.

On nous dict d'Alexandre, qu'en tous lieux, en tout temps, & en toutes sortes de rencontres, il paroissoit tousjours luy-mesme. La grandeur de son Courage, & celle de son ambition, s'imprimoient dans toutes ses pensees, dans tous ses desirs, dans toutes ses parolles, & dans toutes ses actions: car si son esprit genereux s'arrestoit sur quelque pensee, la conqueste d'vn nouveau monde en estoit l'object. Si quelqu'vn de ses desirs se changeoit en passion, à force d'estre extreme; il se terminoit à de peupler, la Terre de Lauriers. Ses discours ordinaires, n'avoient jamais d'autre matiere, que l'esperance de ses Triomphes, & ses actions ne visoient qu'au but d'en remporter les couronnes. S'il vouloit estre peint, il faloit qu'Apelle seul en fut le Peintre; & s'il vouloit estre tiré en relief, Lysippe estoit choisy pour Sculpteur: Enfin cõme s'il eut esté tout ame la moindre partie de soy-mesme, paressant indivisible de son tout, chasque parole & chasque action portoit son nom de mesme que son merite.

O que je treuve des grands raportz! & des belles convenances de ces Veritez, doubteuses & profanes avec ses infalibles & sacrees, que l'on admire dans la vie de Nostre Chere Infante: car sans mentir, elle portoit tant de Majesté sur le front; quoy que son Humilité en cachat vne partie, qu'on y voyoit depeint par vn art tout divin, les Grandeurs de son Auguste Race. Pour ses pensees, ses desirs, ses paroles, & ses actiõs, c'estoient autant de ruisseaux de vertu, dont la Sainctеté de son Ame estoit la Source: De sorte qu'en se faisant admirer egalement, toutes à la fois contribuoient au dessain de

rendre

rendre ceste Princesse adorable; Ne peut-on pas dire que l'Eternité seule marquoit l'object de ses pensees,& que Dieu mesme causoit tous ses desirs, n'ayant jamais eu d'autre volonté que la sienne. Ne doibsje pas soustenir encore que la Vertu parloit avec Elle, & comme Elle, & que toutes ses actions ne tendoient qu'au mespris des honneurs de la terre, pour pretendre plus justement aux felicitez du Ciel.

Ce qui me faict croire,que si Elle vouloit estre peinte,son propre cœur servoit de pinceau, ses bonnes œuvres de couleur,& l'Eternité de toile d'atante,comme souspirant sans cesse aprez elle. Et que si Elle vouloit estre tiree en relief, Elle ne pouvoit permettre qu'à la mort seule, d'en parachever l'ouvrage, affin qu'au dernier moment de sa vie,tout le monde peut contempler la Statue de son corps mortel & perissable, avec ces motz, que son humilité y vouloit faire graver à l'entour. Ie suis jectee en pourriture, pour resusciter en gloire.

Grands du Monde, vos Portraicts sont bien differens de celluy-cy: vous avez beau vous faire peindre, ou tirer en relief, soit par quelque nouveau Apelle, ou par vn autre Lysippe. Ce Portraict,& ceste Statue,estât de mesme nature que l'original, il faut de necessité, qu'ilz subissent egalement les rigoureuses loix du Temps,& qu'ils portent la peine de leur ruine infalible; Representez-vous, combien de Portraicts Apelle a faict d'Alexandre,& Lysippe de Statues,mais n'oubliez pas que la memoire des ouvriers & de l'ouvrage,est ensevelie dans vn tombeau, dont on ne parle plus que dans les fables. Ie vous donne ce Conseil.

Il faut de necessité maintenāt que je releve les traicts

de ce Portraict des ombres de la mort , puis que celle de Nostre Infante a esté aussy glorieuse que sa vie. Mais que disje de sa mort ; Qui croira que tant de Majesté & tant de Graces qui estoient nees avec Elle , ne l'ayent peu exempter du Tombeau. Quoy ; la plus-Pieuse Princesse du monde , la plus-Charitable de nostre siecle, la plus-Iuste qui ayt jamais esté,la plus-Temperee qu'on puisse voir , la plus-Sage de toute la Terre; la plus-Magnanime de nostre temps , la plus-Liberalle dont on ayt ouy parler , la plus-Chaste de son sexce, & la plus-Humble qu'on peut s'imaginer , n'aura peu se garantir du trespas, avec toutes ces marques d'immortalité. Non Elle n'aura peu , parce que sa Pieté vouloit estre couronnee au bout de la Cariere. Non elle n'aura peu : parce que ceste Charité qui enflamoit son cœur , reduisoit peu à peu son corps en cendres sur la terre , pour faire envoler son ame dans le Ciel. Non elle n'aura peu,parce que sa Iustice a justifié ses œuvres devant Dieu,pour la combler de gloire. Non enfin elle n'aura peu : parce que sa Temperance,sa Sagesse,sa Magnanimité , sa Liberalité, sa Chasteté,& son Humilité travailloient incessament au throne de la Felicité eternelle qu'elle possede.

Ie reviens toutes-fois dans mon premier estonnement. Quoy mille vertus ensemble, & beaucoup plus de perfections encore n'auront peu resister à la mort.

Quoy toutes les Grandeurs de la Terre , accompaignees d'vn nombre infiny de graces du Ciel, auront suby les dures loix de la Parque,avec ceste adorable Infante. Tout ce que la Nature avoit de plus rare , le Monde de plus beau , & nostre Siecle de plus pretieux , sera mis en depost dans vne Sepulture . I'ay de la de la peine à concevoir des veritez si funestes.

Ie sçay bien qu'Helene, la merveille des beautez de la terre : que Lucresse, si renommee en chasteté : que Penelope, si admirable en sagesse : que Thamyris, honnorée d'vn chacun pour sa force ; que Thetys, adoree, de tout le monde pour sa justice : Et qu'Antigone l'ornement de son sexce pour sa pieté, ont payé, chacune à son tour, ce funeste tribut qu'elles devoient à la Nature, en descendãt dans le tõbeau : Ie ne m'en estonne pas, parce que toutes ces Dames moralement Illustres, possedoient des vertus qui ne pouvoient regner qu'autant qu'elles, comme n'ayant pour object que la vaine gloire de leur siecle, ou la foible satisfaction de leur esprit volontairement auveugle.

Mais que Nostre Divine Infante soit subjecte à la mesme loy, pour descẽdre aujourd'huy de son Throne, dans la Sepulture. Elle disje qui est aussy Belle que Rachel; aussy Chaste que Susanne : & aussy Forte que Iudith. Elle disje encore, dont la Prudence egale celle de Debora, dont la Pieté se peut cõparer à celle d'Anne, la Prophetesse, & la Iustice, à celle de Bersabee, Vertus toutes Immortelles, comme ayant pour object l'Eternité, & Dieu mesme pour Recompense? je ne sçaurois le croire. Toutes-fois les tristes nouvelles de sa maladie inopinement survenue, tiennẽt mon esprit en suspend. Elle luy prit au matin, le Premier Dimanche de l'Advent; & quoy qu'elle fut vn peu viollante, céte Princesse luy resista pour aller à la Messe, & ouir le Sermon du Pere Philippe Capucin, qui prechoit du jugement, suivant l'Evangile, & j'ay eu céte pensee, qu'Elle fut inspiree de son bon Ange, d'ouir ce jour la la parolle de Dieu, pour estre confirmee à la veille de son depart dãs l'esperance d'estre du nombre des eleux, puis que ses bonnes œuvres estoient occupees depuis si longtemps à luy en faire les couronnes. Elle eut disje céte saincte envie d'assister au sermon du Iugement, comme si elle eut desja preveu, qu'elle seroit bientot jugee, & qu'il estoit temps de se disposer vne derniere fois, à recevoir ce jugement : Et en effect elle se mit au lict le mesme jour, dont elle ne se releva jamais. Ie ne veux point m'etandre sur les particularitez de sa maladie, il me suffit de vous dire que le bruict d'vn si triste accident allarma si fort ses domestiques, & tous ses autres sujectz qu'ils portoient desja sur le visage les funestes marques du dueil, dont ilz debvoient estre couverts.

Ie ne vous parleray point aussy du ressentiment particulier, que la Reyne, Monsieur, & Madame en eurent; des cœurs d'vne trempe si Royale, ne pouvoient estre touchez moderement d'vne telle douleur : & d'ailleurs leurs soings & leurs veilles, & en suitte leurs larmes & leurs souspirs vous serviront trop tost de temoings, que leur tristesse estoit autant elevee sur le commun, que leurs personnes.

Ie veux m'arreter sur le dernier jour de la vie de cete Grande Princesse, comme le juge souverain de tous les autres. Iour d'ennuy & d'affliction pour la Terre, mais d'allegresse, & de Rejouissance pour le Ciel. Iour de regret & de plaintes, pour les Hommes, mais de benedictions & de Cantiques, pour les Anges, jour de desfaite & de ruine pour le Corps, mais pour l'Ame de Victoire & de Triomphe. Que disje; Pourquoy seroit ce vn jour d'ennuy, & d'affliction à la Terre, si elle voit elever au dessus des Astres, sa Princesse & sa Souveraine par ses propres vertus, sur le throne de Felicité, qu'elles qu'elles mesmes luy ont basty ? Pourquoy de regret & de plaintes aux hommes, voyant surgir au port de l'Eternité, aprez tant d'orages & de tempestes, ceste Grande Infante qui n'estoit nee, que pour en posseder la Gloire. Et pourquoy de ruine & de desfaicte à son Corps, si aprez avoir esté l'instrument de tant de merveilles, il doibt estre encore celluy des miracles; je vous laisse la meditation de ces belles veritez.

Il est temps cependant que je paracheve ce Portrait & que je vous face admirer encore vne fois dans le dernier jour de la Vie de Nostre Infante, toutes les Vertus qu'elle a si dignement practiquees; comme si chacune en particulier affectoit aujourd'huy de representer son personnage, pour recevoir la couronne au bout de la cariere.

Sa Vertu de Pieté paroit la premiere: car quoy que sa maladie la pressat avec viollance, elle demande vn Confesseur plutot qu'vn Medecin, & met son ame en repos, avant que songer à donner quelque sorte de soulagemēt à son corps, par la diversité des remedes, se dispošāt de la sorte à recevoir à l'heure mesme le S. Sacrement de l'Autel, avec vne pureté de cœur, & de conscience, qui egale sa foy.

Sa Vertu de Charité reluit dās le soing qu'elle prend de son prochain, recompensant ses domestiques, chacun selon son merite & ses services, sans oublier les pauvres, comme ses favoris, à qui elle faict des nouveaux presens.

Elle exerce avec severité la Vertu de Iustice contre Elle-mesme, se condempnant à demander pardon à tous ses domestiques, comme elle faict publiquement sans les avoir jamais offencez de la moindre de ses penſees, & en cét action elle imite le Prophete Royal David, qui s'accuſe des pechez cachez & incognus qu'il peut avoir commis ſans y penſer.

Sa Vertu de Temperance ſe faict admirer par la trãquillité de l'eſprit, dont céte Princeſſe goute les douceurs, dans l'amertume des maux, qui tiennent inceſſament ſon corps à la genne, & céte tranquillité paroit ſi fort, & ſur ſon viſage, & dans ſes diſcours, qu'on ſe ſent obligé de croire, en contemplãt celluy-là, ou en eſcoutant ceux-cy, quelle eſt plus diſpoſee à donner de la conſolation, que d'en recevoir: car quoy qu'on la voye accueillie & environee de mille ſortes de douleurs differentes, il faut toutes-fois de neceſſité s'imaginer ce qu'elle endure, puis que ſes peines ſont en effect imaginaires plutot que veritables, ſi l'on veut adjouter foy à ce que ſon viſage nous dict, & à ce que ſes paroles nous preſchent, contre le temoignage contraire de nos yeux. Et c'ét vne action de ſa Temperance, la faiſant pareſtre ſi moderee au plus fort de ſa douleur, qu'on eſt cõtraint de la deviner en la voyant.

Sa Vertu de Force & de Magnanimité ſe faict cognoiſtre dans le ſilence de ceſte Princeſſe: car quoy qu'elle endure, le lãgage des plaintes, luy eſt ſi incognu, que je veux croire qu'elle ne l'a jamais peu parler, ne l'ayant jamais ſceu aprandre. Quelle conſtance de ſe voir expoſée dans ſa couche, à tous les traictz des plus vifves douleurs, ſans ouvrir la bouche, que pour conſoler ceux qui avoient le bonheur d'eſtre auprez d'elle; cõme ſi elle eut reſſenty leur affliction pluſtoſt que ſa peine. Ce n'eſt pas qu'elle ne ſouſpirat aucunes fois; mais n'eſt-il pas croyable, que ſi ſon cœur avoit à confeſſer quelque verité dans la torture des

maux

maux dont il estoit attaint, que ce debvoit estre la verité de son amour, envers le Dieu de son âme. D'où vient que ses sanglots là publioient souvẽt en leur langage, pour se soulager de la sorte, sans se plaindre.

Sa Vertu de Sagesse esclate vifvement dans l'ordre qu'elle establit en ses affaires domestiques, & ceux qui auront la curiosité de lire son Testament, confesseront sans doute que chasque parole porte avec elle son prix & son authorité; comme estant animee d'vne prudence si admirable, qu'on peut s'imaginer sans crime qu'elle luy estoit infuse plutot que naturelle, puis qu'on n'en voit point d'exemple icy bas.

Sa Vertu de Liberalité treuve de l'employ & de l'exercice dans le cœur genereux de céte Princesse, estant d'vne humeur si liberalle, que comme durant sa vie elle ne se plaisoit qu'à donner, elle veut gouter encore le mesme plaisir en mourant, & de la sorte donner tout ce qui luy reste pour sa satisfaction.

On remarque sa Vertu de Chasteté pour la derniere fois, dans la derniere ordonnance que ceste Princesse faict de n'ouvrir point son corps aprez sa mort, desirant luy conserver sa pudicité au-delà du tombeau, & ceste grace d'honnestet é, & de decence qui luy estoit si propre.

Sa Vertu de Pauvreté volontaire est digne d'vn eternel souvenir, admirez la encore, par le nouveau commandement qu'Elle faict de l'ensevelir dans vne simple Biere de bois, comme si elle eut aprehendé, que son corps mort eut eu quelque sentiment de vanité dans vn cercueil plus riche. D'ailleurs elle affecte de mourir si pauvre, qu'elle ne se reserve rien que la seule chemise, encore est-il croyable, qu'elle qu'elle l'eut donnee si elle n'eut sceu, que les vers la luy osteroient bientot.

Sa Vertu d'Obeissance paroit aussy à son tour avec son esclat ordinaire, lors que céte Princesse se resigne entre les mains des Medecins, leur obeissant durant sa maladie, sans raisonner ny sans se plaindre; & quoy que les remedes soient autant d'objectz sensibles d'vne nouvelle douleur, on ne peut cognoitre à son visage la differẽce qu'elle faict de leur amertume, avec son contraire; tant elle est soubzmise à la volonté d'autruy.

Pour sa Vertu d'Humilité, qui en vit jamais vne pareille, céte Princesse qui depuis son enfance n'avoit jamais faict d'action qui ne fut digne de memoire, employe l'effort de ses dernieres parolles, pour en faire perdre le souvenir, deffendant à tous ses sujectz de la louer en particulier, ou en publicq, soit en Chaire par des Oraisons Funebres, comme a faict Monsieur Aubert le Mire, Doyen de Nostre Dame d'Anvers, Personnage dont la Vertu & la Doctrine sont egalement considerables, & Monsieur Iean van Wachtendonck, Chanoine de S. Rombout à Malines, de qui le merite egale le zele de ceste action: Ou par escrit à l'exemple du Reverend Pere Iean Iacques Courvoisier, Minime, qui a esté des premiers, comme des plus capables à publier hautement les vertus d'vne si Grande Princesse, & de Monsieur Tristan, Gentil-homme François, qui d'vne plume d'or, nous a persuadé puissamment que céte Divine Infante en avoit faict renaitre le siecle. Humilité dont on ne peut exprimer la grandeur, & moins encore concevoir les merveilles.

Adorable Humilité, diray-je encore. Céte Parfaicte Princesse non contante d'avoir mesprisé durant

sa vie

ſa vie, les honneurs qui luy eſtoient deus, elle deffend encore à ſa mort d'honnorer ſa memoire, comme ſi elle eut peu enſevelir ſa Reputation dans le meſme tombeau de ſon Corps.

O Divine Princeſſe! s'il eſt vray que celluy ſera exalté à l'egal de ce qu'il aura eſté rabaiſſé. En quel degré de felicité ſerez vous elevee dans les Cieux, vous eſtant rabaiſſee ſur la terre, juſques à n'en pretendre jamais que ſept pieds pour voſtre ſepulture. Le Monde avoit beau vous tenter avec les meſmes apas des grandeurs qui eſtoient affectees à voſtre condition ſouveraine & abſolue: Vous n'aſpiriez d'eſtre Grande qu'en Humilité. D'où vient que vous la ſerez aujourd'huy en Gloire, puis que les meſmes degrez qui vous ont ſervy à decendre, vous ſerviront maintenant à monter, & vos Vertus en fairont bientoſt preparer l'eſchelle par les Anges.

Vous jugez bien que j'ay de la peine à parachever ce Portraict, eſtant forcé de me ſervir des pales couleurs de la mort, dont je voy les premieres marques ſur le viſage de Noſtre Princeſſe. Permetez dõc que mon ſilẽce me ſerve de voile, & de rideau, pour vous cacher les derniers traicts de cét ouvrage, comme eſtant ſi funeſtes qu'à peine ayje la liberté d'en concevoir les idees. Toutesfois puis que la mort de céte Chere Infante eſt auſſy Glorieuſe que ſa vie, je veux vous faire voir dans ſes derniers momens, les dernieres merveilles qu'elle a faictes.

Deſlors qu'Elle ſe ſent affoiblir, Elle demande l'extreme Onction qu'on luy aporte à meſme temps. La Reyne qui l'avoit viſitee tous les jours durant ſa maladie, eſtoit à ceſte heure là dans ſa Chambre, mais ſi triste & si affligee, qu'on avoit de la peine, en considerant le visage de sa Majesté, & celluy de son Altesse, à juger laquelle des deux estoit la plus malade.

Monsieur & Madame s'y firent voir à genoux, tenant vne bougie à la main : Et certes la memoire des pleurs qu'ils repandoient durant céte action est si puissante, que je ne sçaurois m'arreter sur ce suject, de peur d'effacer par des nouvelles larmes ce que j'escris. Il me suffit de vous dire qu'on n'avoit jamais contemplé dãs vn si petit espace tant d'objectz d'affliction, de pieté, & de grandeur, qu'à céte fois la.

Ie m'imagine encore, que ce devoit estre vne douce consolation à céte Princesse de se voir mourir entre les bras de la plus grande Reyne qui fut jamais, & en presence du Frere Vnique de mon Roy ; & de sa Chere Espouse, Princesse, dont la Vertu & la Beauté disputent tous les jours avec sa naissance le prix de la Grandeur.

Mais je veux croire aussy à mesme temps, que la Reyne, Monsieur, & Madame, avoient vne particuliere satisfaction, d'avoir esté jectez dans ce Port de Bruxelles, par la tourmente du malheur du Temps, pour estre temoings & admirateurs, de la vie & de la mort de céte Divine Infante, puis que l'vne & l'autre sont aussy adorables qu'Elle-mesme. Ne vous estonnes pas, si je m'esgare souvent, le suject que je traicte est si funeste que je ne sçaurois suivre l'ordre que je m'estois proposé.

Monsieur fut le premier, à demander la Benediction à céte Princesse, qui d'abord se deffend contre céte priere par humilité, & estant pressee par de nouvelles, de ne luy refuser pas céte faveur, Elle la luy accorde, mais d'vne action timide, prenant le Ciel à temoing, que

que c'eſtoit de ſa part qu'elle donnoit la benediction à ce Prince, pour attirer ſur luy la continuation de ſes graces.

Madame deſirant participer à ce bonheur, s'aproche de plus prez de ſon lict pour recevoir ſa Benediction, & ſur le point qu'Elle vouloit ouvrir la bouche pour la luy demander, S.A. luy dit en la voyant toute eploree.

Il eſt vray que je vous ay tousjours aymee de tout " mon cœur, mais ce regret me demeure de n'avoir peu " rencontrer l'occaſion de vous le temoigner: je vous ay " rendu peu de ſervice en terre, j'eſpere de vous eſtre plus " vtille dans le Ciel, ſi Dieu me fait la grace d'y aller: car " je le prieray ſans ceſſe de vous donner le contentement " que vous deſirez. "

Madame fit tous ſes effortz pour luy repartir à l'inſtant meſme; mais ſa langue devint muete pour ſoulager ſon cœur, en le laiſſant parler le premier par ſes ſoupirs temoings de ſon affliction: Et deſlors qu'elle peut recouvrer la parole Elle luy dict.

Madame je n'ay jamais doubté de voſtre bonne vo- " lonté en mon endroit, & j'en ay receu trop d'aſſeuran- " ces pour en perdre le ſouvenir: mais je vous demande " encore céte derniere, en me donnant voſtre benedi- " ction comme vn pretieux gage, de tout le bonheur que " vous me faictes eſperer. Ie vous la donne de bon cœur " repart S. A. au Nom du Pere, du Filz, & du Sainct " Eſprit. "

Madame s'eſloigne de ſon lict à l'inſtant, pour eſtre plus libre à pleurer ſon malheur & ſa perte, conſiderant d'ailleurs que l'objet de ſes larmes avoit aſſez de pouvoir pour toucher de pitié & cõſequament de douleur vn cœur genereux comme celluy de céte Princeſſe.

Mais il faut que je vous face part de mon estonnement; N'estoit-ce pas vne chose estrange & extraordinaire, que céte Chere Infante environnee de tous cotez d'vn grand nombre d'objectz d'affliction, ne voyant rien à l'entour d'Elle que des visages epleurez, & n'entendant autre chose que le bruit continuel des sanglots & des plaintes, ne soit point emeue pourtant, de tous ces sujetz de douleur, quelques funestes qu'ilz puissent estre. On avoit beau pleurer, la force de son cœur avoit fait oublier cét vsage à ses yeux, pour temoigner au dehors la constance qu'elle avoit dans l'ame. On avoit beau disje soupirer & se plaindre pour l'amour d'Elle, son visage tousjours le mesme preschoit la consollation, affin de temoigner que si Elle souffroit quelque chose, les maux d'autruy causoient toutes ses peines. De sorte que tout le monde paressoit affligé, fors que celle pour qui on ressentoit ces afflictions. Mais ne vous en estonnez pas, c'estoient des effectz ordinaires de la Vertu de céte Divine Infante.

La Reyne qui avoit desja demeuré dix heures entieres en céte visite, sans perdre de veue céte Princesse ne peut jamais se resoudre à luy dire vn dernier adieu. Elle juge bien pourtant, qu'il faut de necessité qu'elle la quitte, puis que la mort est sur le point de la luy ravir; mais la seulle pensee de céte separation l'estonne si fort, qu'Elle est contrainte en cellà de doubter de ce qu'Elle voit, pour soulager l'ennuy qui l'opresse. De sorte qu'encore qu'Elle la voye mourir, Elle ne peut songer à sa mort; tant sa vie luy est Chere. Et certes je puis dire qu'à mesure que S. A. perd peu à peu la parole de douleur, Sa Majesté de-mesme devient muete de tristesse, n'ayant plus la liberté de se plaindre, que par ses larmes,

ou par

ou par ses soupirs, & pour vn surcroy de malheur, son affictiõ est de telle nature, que personne n'ose la consoler. Elle se resoud pourtant à la fin de s'en aller, n'ayant plus le courage de voir mourir, celle qu'Elle aymoit avec autant de passion que sa propre vie. De vous dire maintenant en quels termes Elle luy fit ses adieux, le langage de ses pleurs n'avoit pas besoing d'interprete: car il estoit si eloquent qu'il persuadoit puissamment à vn chacun de croire que sa douleur ne se pouvoit exprimer.

I'eux l'honneur à son retour de la voir entrer dans sa Chambre, mais je puis soutenir que comme son visage & son cœur ne sont qu'vne mesme chose, les marques de l'affliction qu'Elle avoit dans l'ame, paressoient si vifvement sur le front qu'il ne faloit pas chercher d'autre temoing, pour en sçavoir la verité. Elle passa le reste de la nuict sans dormir, & je m'imagine qu'ayant tant de suject de pleurer, Elle ne peut jamais fermer les yeux à des larmes si justes.

Monsieur & Madame demeurerent tousjours au pied du lict de céte Chere Infante, comme s'ilz estoiēt egalement resolus à courre le hazard de mourir avec Elle, à force de douleur: car sans mentir ilz estoient si affligez de la voir reduite aux abois, que ses domestiques mesmes estoient contraints de partager leurs sentimens de pitié, pour compatir tout à la fois, & aux maux de leur Maitresse, & aux douleurs de ce Grand Prince, & de céte Vertueuse Princesse, son Espouse.

Qu'attandez vous maintenant de moy, ce Portraict sera dans sa perfection deslors que je l'auray couvert d'vn voile, pour en relever les traitz des ombres de la mort. Ie ne puis vous le representer au naturel que ſoubz ce funeſte rideau, dont voſtre imagination percera les tenebres: car il faut neceſſerement que vos penſees vous ſervent d'yeux pour le contempler à ſon jour. Mais en ce deſſain de le voiler, la mort previent mon Pinceau, & comme Elle environne de ſes ombres mortelles ceſte Princeſſe, je ſuis forcé à me ſervir du meſme ombrage pour parachever ce Portraict; auſſy-bien porte t'il le nom d'vn Mauſolee, qui n'a rien en ſoy que de funeſte, quelque merveilleux qu'il ſoit.

Mais pourquoy vous taireje vne mort, dont le Renom eſt plus Glorieux que celluy de la plus belle vie qui fut jamais. Céte Divine ISABELLE ne vit plus icy bas: Céte Adorable CLAIRE n'eſt plus au monde: Céte Incomparable EVGENIE, a quitté ce terreſtre s'ejour. Mais ne vous en eſtonnez pas, puis que ſa Pieté n'avoit point de pareille: puis que ſa Charité eſtoit vnique & ſans exemple; ſa Iuſtice admirable, & ſa Temperãce tres-parfaite. Il eſt vray, le Ciel vient de ravir à la Terre céte Grãde Infante; mais ceſſez d'en murmurer, puis que ſa Sageſſe ſi rare, ſa Conſtance ſi merveilleuſe, ſa Liberalité ſi extraordinaire, ſa Chaſteté ſi miraculeuſe, ſa Pauvreté volontaire ſi extreme, ſon Obeiſſance ſi exacte, & ſon Humilité ſi adorable, ſont cauſe de ce raviſſement.

On nous dict de Iacob, qu'aprez ſon combat avec l'Ange, il s'endormit, & qu'à l'inſtant il vit vne eſchelle, par ou les Anges montoient & deſcendoient du Ciel en Terre.

O que ceſte verité à des beaux raportz! avec ce que nous debvons croire aujourd'huy de ceſte Chere Princeſſe: car aprez avoir combatu cõtre le Monde, la Chair & les Demons, Elle s'eſt endormie, & deſlors qu'Elle a eu les yeux fermez, céte Eſchelle de Iacob luy eſt aparue pour rue pour faire monter son ame dans le Ciel, à la compagnie des Anges.

S. Iean vit autres fois en l'Apocalypse vne Femme qui montoit au Ciel, ayant la Lune soubz les pieds, & sur la teste vne couronne d'estoilles. N'avez vous pas veu aujourd'huy la mesme chose d'imagination & de pensee, puis que nostre Chere Infante ne vient que de partir de ce terrestre sesjour, pour monter dans les Cieux. Elle avoit la Lune soubz les piedz pour marque du mespris qu'Elle a faict de toutes les vaines grãdeurs du monde, comme autant d'objectz de changement, & vne couronne d'estoilles sur la teste, dont le nombre estoit celluy-là mesme de ses vertus, & dont l'esclat se raportoit aussy à leur lumiere.

Mais tandis que les Anges se rejouissent de leur Conqueste, les hommes pleurent incessament du malheur de leur perte: car sans mentir le regret de céte mort est si contagieux par toute la terre, qu'à moins d'estre insensible les cœurs les plus farouches treuvent de la complaisance à souspirer.

On ne fut point en peine d'eveiller la Reyne le matin pour luy aprandre ces tristes nouvelles, puis qu'Elle n'avoit point fermé l'œil le reste de la nuict, & que d'ailleurs en se separant de ceste Princesse, Elle l'avoit laissee en vn estat qui l'asseuroit tellement de sa mort, que toutes les fois que sa douleur luy permetoit de raisonner sur vn accident si funeste, Elle estoit forcee de croire, qu'Elle avoit desja rendu l'esprit. Mais pourtant Elle ne laissa pas à son lever de s'informer de ceste Verité, quoy qu'Elle en fut trop asseuree, affin sans doubte d'obliger tous ceux qui estoient auprez d'Elle, de celebrer à son exemple par leurs larmes, & par leurs ſouſpirs,la memoire de céte Grande Infante. Iamais ſa Majeſté n'avoit reſſenty plus vifvement quelque ſorte d'affliction qui luy fut arrivee, mais il ne s'en faut pas eſtonner : l'affection reciproque de ces deux grandes Princeſſes eſtoit ſi extreme qu'on n'en verra jamais de pareille : car elles ne s'aymoient pas ſeulement par vne raiſon d'aliance, & par vn ſujeĉt d'inclination, mais plutoſt par vne ſecrete affinité, dont la reſſemblance de leurs vertus avoit jećté des ſolides fõdemens,à l'eſpreuve des ſiecles.& de la mort meſme.

Deſlors qu'Elle fut habillee, Elle fut donner d'eau benite au corps, pour s'acquitter des premieres d'vn ſi juſte debvoir, & comme les nouvelles larmes qu'Elle repandit en céte action furent ſans nombre, j'ayme mieux me taire que d'en parler, jugeant que mon ſilence ſera plus eloquent que mes diſcours.

Monſieur & Madame contre la couſtume des Princes & des Princeſſes voulurent aſſiſter à la mort de céte Divine Infante, pour s'acquitter envers Elle,par recognoiſſance, de ce dernier debvoir, n'eſtant point encore en eſtat de ſe revancher d'autre façon. Ilz voulurent eſtre honnorez des derniers regards de céte Princeſſe, pour en recevoir les benignes influences qui en eſtoient inſeparables.

Il eſt vray que céte mort les eſtonna à force de douleur, en eſtant ſi affligez, que leur ennuy ne ſe pouvoit accroiſtre;mais ce fut ſans leur donner de l'effroy,& de l'eſpouvante : car à n'en point mentir, la mort pareſſoit ſi belle ſur le viſage de céte Princeſſe, que quoy qu'on ne la peut contempler ſans larmes, elle ſe faiſoit deſirer plutoſt que craindre.

Monſieur temoigna par ſes regretz continuels le reſſenti-

ressentiment qu'il avoit de céte perte, comme s'il n'eut peu treuver de la consolation que dãs ses pleurs. Madame ne fut pas moins sensible à céte afflictiõ, paresſãt en tous lieux, & en tout temps si triste & si affligee, qu'on eut dict à la voir que ses beaux yeux n'avoient plus d'apas que pour pleurer de bonne grace. Veritablement sa douleur estoit aussy juste qu'extreme, considerant l'importance de la perte: & d'ailleurs céte Chere Infante aymoit céte Princesse d'vne affection de Mere, jugeant qu'Elle possedoit toutes les vertus, qu'Elle eut peu souhaiter à sa propre Fille, si le Ciel eut joinct aux contentemens de son mariage, le bonheur de la fecondité. Et je suis fort aize touchant ces veritez qu'on ne me puisse accuser de flaterie, puis que tous ceux qui auront céte louable curiosité d'estudier les actions de céte Grande Princesse, pourront devenir encore plus sçavants que moy, à cognoistre son merite, aussy-bien que le regret qu'elle a de la perte qu'elle a faicte.

Les larmes & les plaintes estoient si publiques dans la Court, qu'on ny voyoit rien que des objectz de tristesse & d'affliction, & l'on n'ouvroit la bouche que pour parler vn mesme langage. Chacun tiroit vanité de sçavoir plaindre hautement vne perte ou tout le monde ensemble avoit vn notable interest. Ie ne veux pas mesurer selon mes pensees & ma croyance, les ressentimens ny de l'vn ny de l'autre, il me suffit de publier que les Dames & les Seigneurs de la Court furent affligez de céte mort, jusques à vn point, que le plus heureux de tous ensemble se disoit mal-heureux, d'avoir survescu à céte Chere Infante, tant elle estoit aymee pour ses vertus; que si en particulier il m'est permis de dire mon sentiment sur ce suject, sans interesser personne, je vous asseureray que Madamoiselle de Montmorancy, digne Favorité d'vne si parfaicte Princesse, ne mourra jamais pour si longtemps qu'elle vive que du regret de ce trespas. Vous en pouvez croire le mesme de Monsieur d'Andelot, premier Maistre d'Hostel; comme ayant tousjours paru si affectionné au service de céte Grande Princesse, qu'il est croyable que la memoire de sa mort qui luy est incessament presenté, est vn secret artisan qui travaille tous les jours peu à peu à sa sepulture. Ie diray à son honneur en passant, que son merite est beaucoup plus venerable que son age, & que ses longs services, quoy que tres-importans, soient moins considerables encore que sa personne.

Le Corps de S. A. fut exposé en veue dans la Chapelle de la Court, toute tendue de noir, sur vn lict de Parade, & le peuple tousjours alarmé des tristes nouvelles de sa mort, y accouroit en foule de toutes parts, comme s'il eut doubté encore de céte verité. Sans mentir, on ne pouvoit s'imaginer rien de plus triste, ny de plus funeste. La presse de ce Peuple egallement zellé & affligé estoit si grande, despuis le matin jusques au soir, qu'à peine entroit-on dans la Chapelle: puis on voyoit d'vn costé vne Mere tenant sur son bras vn de ses enfans, & de la main en conduisant vn autre, lesquels à son exemple pleuroient amerement. Plus loing on consideroit vn Viellard elevé sur vn banc, qui d'vne action toute eploree, preschoit d'vn langage de souspirs, le ressentiment qu'on debvoit avoir d'vne telle perte. La on remarquoit vn Seigneur, qui pour la troisiesme fois estoit venu celebrer par advance les funerailles de S. A. avec ses pleurs & ses sanglotz. Et icy vne Dame de consideration demeuroit sept ou huict heures

heures à l'entour du lict ou estoit ce corps, tant elle prenoit plaisir à le considerer au travers de ses larmes; aussy estoit-ce veritablement vn object dont la consideration pouvoit aprandre l'art de mespriser les vanitez du monde.

Céte mort fit porter le dueil à toute l'Europe: car tous les Roys de la Chrestienté en imposerent des loix dans leurs Cours temoignant à vn chacun par l'exemple de leur affliction, qu'ils avoient vn notable interest à céte perte.

Le Peuple de Bruxelles cependant paressoit tousjours si alarmé & si affligé tout ensemble qu'il ne sçavoit plus faire autre chose que pleurer. Les boutiques des Artisans furent fermees, durant le temps que le Corps de S. A. demeura exposé en veue dans la Chapelle, & l'on remarquoit qu'vn chacun quittoit son ouvrage volontairement, pour estre plus libre à se plaindre. D'ailleurs le pitoyable son des Cloches, qui trois fois le jour ramantevoient en leur langage la mort de céte Adorable Infante, estoit vn nouvel objet de pitié, dont les intervalles ne servoient aux cœurs que de moyen de prendre haleine pour recommencer à souspirer. Adjoutez à toutes ces funestes veritez celle de voir tout le monde ensemble couvert de dueil, & vous confesserez avec moy que Bruxelles n'avoit plus d'appas que pour ceux qui fuyoient la consollation.

Certes il faut confesser que jamais Princesse n'a esté regrettee à l'egal de céte Infante; mais aussy estoit il juste, que s'estant faicte admirer d'vn chacun durant sa vie, tout le monde ensemble portat le dueil de sa mort. Qu'on ne nous presche plus ces reveries, que la Nature produict de siecle en siecle les mesmes merveilles qu'elle a desjá faictes voir en vn autre temps : on la peut deffier hardiment de produire. Vne Princesse si Adorable que Nostre ISABELLE, si Parfaicte que Nostre CLAIRE, & si Saincte que Nostre EVGENIE : car de plus-Pieuse il n'y en a jamais eu; de plus-Charitable il ne s'en trouve point; de plus-Iuste il ne s'en faict point; de plus-Temperee on n'en cognoit point; de plus-Sage on n'en a point ouy parler; de plus-Liberalle elle est encore à naistre, de plus-Chaste le Soleil n'en a point veu, de plus-Pauvre volontaire l'Histoire n'en remarque point; de plus-Obeissante il n'en est point sur la Terre; & de plus-Humble il n'en faut point esperer.

La Vie de céte Princesse estoit vn Tableau si plain de merveille, que la moindre de ses qualitez formoit vn object d'admiration, capable d'arrester les plus grands espritz du monde. Ce qui m'oblige de croire qu'on ne parlera jamais de céte Grande Princesse, que comme d'vn Miracle de nostre temps, puis que la memoire de ses actions, s'eternise d'elle-mesme, comme tirant son prix & son lustre de sa propre Vertu.

Homere nous dict qu'aprez la mort d'Hector, toute la Grece fut en dueil, non seulement pour la perte commune, mais pour le dommage encore d'vn chacun en particulier. Publions le mesme hardiment, & Soutenons qu'au trespas de céte Adorable Infante, toutes ces Provinces ont pris le noir pour livree, dans leur affliction, affin de temoigner par leur douleur publique que leur perte l'estoit aussy, & d'autant plus encore qu'vn chacun apart soy s'y trouvoit interessé. Ne faut-il pas advouer que le Clergé a perdu son Apuy, la Noblesse, son Ornement & le Tiers Estat sa Consollation.

Voilà

Voilà l'interest publicq, pour le particulier les larmes de céte perte ont esté si communes, que les enfans mesme, qui n'en pouvoient pleurer par raison, estoient contraintz d'en pleurer par exemple: De sorte qu'en céte mort chacun y treuve à dire, soit en general, soit en particulier le repos de sa vie.

On nous raporte que les Egyptiens pleurerent de la mort du Pere de Ioseph septante jours; quel terme pourons nous donner à noz larmes, qui egale le suject de nostre douleur, les afflictiōs ordinaires se peuvent bien temoigner par des regretz semblables: mais la nostre est de telle nature, que son extremité est celle-là mesme de la cause qui la produite; & qui ne sçait que ceste cause ne pouvoit produire des effectz qui eussent du raport & de la convenance avec sa grandeur, que ceux de nostre Tristesse. D'ailleurs les larmes ne sont plus en vsage pour exprimer vne extreme affliction, & quoy que les souspirs en soient les temoings, ilz ne sont pas toutesfois exemptz de reproche: car il faut confesser, qu'vne douleur est d'autant plus sensible qu'elle est muete, & lors que les yeux & le cœur ont liberté de la publier, & de la faire cognoistre, ses effortz s'afoiblissent dans les larmes, & sa viollance n'en a plus dans les souspirs. Faisons donc voir aujourd'huy que nous sommes attaintz d'vne si forte passion de tristesse, qu'elle ne se peut exprimer que par nostre silence, & par nostre estōnement, laissons l'vsage des pleurs, des souspirs, & des plaintes, à ceux qui sont touchez d'vne afflictiō moins juste & plus moderee. Cherchons la constance dans nostre malheur, pour en treuver le soulagement: car aprez tout, il y a de l'honneur de sçavoir emporter dans le tombeau le ressentiment d'vne telle perte.

Mais que disje, qu'on ne pleure pas, si l'habitude que tout le monde en a desja prise se change desja en nature ; quelle aparance de deffendre aux cœurs de souspirer, s'il ne sont plus capables d'autre exercice ? & quelle raison peut estre assez puissante pour imposer silence aux regretz & aux plaintes, si l'on ne sçait plus parler aujourd'huy que leur langage.

Ie sçay bien toutes-fois que la Pieté nous presche desja la consollation, mais que nous peut elle dire pour nostre remede. Quoy? que céte Princesse estoit d'vne condition mortelle, & c'est-ce qui nous afflige le plus: car puis que le Ciel l'avoit faict naistre au monde pour son ornement ; ne debvoit-elle pas estre exempte de la sepulture. Quoy? que nos larmes, nos souspirs, & nos plaintes, ne sçauroient luy redonner la vie; Helas le regret qui nous en demeure, devore incessamment la nostre: car si les pleurs, les sanglotz, & les regretz, la pouvoient retirer de tombeau, nous ne serions plus en estat d'y descendre pour y treuver nostre vnique consolatiõ. Et enfin quoy encore, qu'il faut subir les loix des Destinees, puis qu'elles sont inviolables? & c'ét le suject de nostre douleur : car comme leurs Arretz sont sans appel, nostre mal est sans remede.

Pleurez donc Grandz Roys, puis que céte Divine ISABELLE, qui vous aprenoit de porter dignement vostre Sceptre, & vostre Couronne, a suby les dures loix du trespas.

Pleurez Grandz Princes, puis que céte Incomparable CLAIRE, qui vous enseignoit l'art de commander à vos passions, aussi absolument qu'à vos sujectz, vous a dict vn dernier adieu.

Pleurez Grandes Reynes & Grandes Princesses, puis

puis que céte Sainꝭte EVGENIE l'ornement de voſtre ſexce a quité pour jamais ce terreſtre ſesjour.

Que le Clergé pleure, que la Nobleſſe ſouſpire, & que tout le monde enſemble s'abandonne aux regretz puis que céte Adorable Infante, qui ſe faiſoit admirer de celuy-là, honnorer de celluy-cy, & aymer de tous enſemble, vient d'expirer en ce moment.

Mais que disje encore; dans quel deſordre, & dans quelle confuſion me trouve je reduit. Pourquoy pleurerez vous Grands Roys, ſi céte Divine ISABELLE poſſede la Gloire du Ciel, pour recompenſe de vous avoir enſeigné à porter dignement voſtre Sceptre & voſtre Couronne ſur la terre.

Pourquoy pleureriez vous Grands Princes; ſi céte Incomparable CLAIRE, eſt comblee des felicitez eternelles, pour vous avoir apris dans le temps, d'avoir le meſme empire ſur vos paſſions que ſur vos ſujectz.

Pourquoy pleureriez vous Grandes Reynes & Grãdes Princeſſes; ſi céte Sainꝭte EVGENIE eſt vn nouvel ornement des Cieux, pour avoir eſté icy bas l'ornement de voſtre ſexce.

Pourquoy pleureroit auſſy le Clergé; quelle raiſon auroit la Nobleſſe de ſouſpirer; & quel ſujeꝭt de plainte tout le monde enſemble.

Si céte Adorable Infante eſt aujourd'huy admiree, honnoree, & aymee des Anges, pour l'avoir eſté toute ſa vie des hommes à force de merite & de vertu. Toutesfois avant que ſatisfaire la raiſon, il faut de neceſſité payer ce qu'on doibt à la nature. De ſorte qu'il nous ſera encore permis de pleurer, de ſouſpirer, & de ſe plaindre dans vn ſi funeſte accident, ou l'ennuy & la triſteſſe nous ſont auſſy propres, que s'ilz faiſoient vne partie

 de

de nous meſme. Ie vous en laiſſe le jugement.

On liſt des Romains qu'ilz erigerent à Cæſar vn Temple de Clemence, pour eterniſer la Renommee de ſa Bonté. Que ſi par des ſemblables actions, il faloit s'acquitter aujourd'huy de ce que nous debvons à la memoire de céte Adorable Infante, la Terre me ſemble desja trop petite pour vn tel deſſain : car ne faudroit il pas luy eriger autant de Temples, qu'Elle poſſedoit de Perfections ; & comme le nombre en eſtoit infiny, & que les eſpaces du monde ſont limitez, on ne peut agir en céte entrepriſe que de penſee ou de deſir. De ſorte que noſtre zele ſervira d'artiſan en cét ouvrage, le merite de céte Princeſſe de matiere, & nos ames comme immortelles en eterniſeront le ſouvenir.

Ce Grand Coloſſe de Rhodes, qu'on met au rang des merveilles du monde, fut beaucoup plus admiré abbatu, que debout, cõſiderant qu'vn ſeul de ſes doigts pouvoit fournir aſſez de matiere pour faire pluſieurs ſtatues. Ainſy pouvons nous dire de céte Grande Infante, comme vn Chef d'œuvre des merveilles du Ciel, que dans ſa mort elle s'eſt rendue plus adorable qu'en ſa vie, ayant parachevé ſon cours avec la meſme innocence qu'Elle l'avoit commencé. Et d'ailleurs quand on conſidere aujourd'huy que la ſeule memoire de ſes vertus eſt vn charme aſſez puiſſant pour faire hair le vice, & que de la moindre de ſes actions on pouvoit tirer des exemples de perfection pour parvenir au comble. On ne l'admire plus en effect que dans le tombeau, puis que la gloire de ſon treſpas, nous aſſeure des felicitez de ſa nouvelle vie.

Ne nous flatons point dans nos paſſions, en taiſant vne verité ſi publique, le Ciel ne pouvoit rien produire de de plus admirable icy bas que céte Grande Princeſſe: car qui vouloit devenir pieux, n'avoit qu'à eſtudier le zele qu'Elle temoignoit au ſervice de Dieu, & la munificence en ſes Egliſes; Qui deſiroit d'eſtre charitable, n'avoit qu'à penſer aux ſoings continuelz qu'Elle prenoit de ſon prochain; Qui avoit envie d'eſtre juſte, ſes actions ordinaires en eſtoient autant de leçons. Qui ne ſçavoit en quoy conſiſtoit la Temperance, ſe pouvoit repreſenter ſa moderation, pour devenir ſçavant: Celuy-là eſtoit-il curieux d'aprandre les reigles de la Sageſſe, & les maximes de la Prudence; ſes effectz & ſes parolles en preſchoient egalement la perfection; Ceux-cy vouloiẽt il exercer dignemẽt la Vertu de Liberalité, il n'avoit qu'à tenir conte des dons & des preſens qu'Elle faiſoit tous les jours; Avoit-on de l'amour pour la Chaſteté, il ſe chãgeoit en paſſion, deſlors qu'on l'admiroit, tant Elle eſtoit Chaſte; Qui cherchoit des preuves d'vne Pauvreté volõtaire, en treuvoit la perfectiõ en Elle ſeule; Qui deſiroit elever des Trophees à l'obeiſſance, ne pouvoit s'acquitter de ce debvoir, qu'envers céte Princeſſe. Enfin tous ceux qui vouloient faire profeſſion d'Humilité, eſtoient contraitz de ſe repreſenter pour object, céte Divine Infante, comme la merveille des miracles du monde.

Ie ſçay bien que ce n'eſt point vous conſoller de vous ramantevoir ſes perfections; mais auſſy n'eſt-ce pas mon deſſain, vne perte irreparable demande des larmes eternelles. Le Temps a beau changer toutes choſes, puis que noſtre affliction limite ſon pouvoir; il faut que nos regretz luy donnent des nouvelles bornes; que ſi nous mourons de douleur, il nous ſuffit que la mort meſme en immortaliſe la memoire.

Acquittons nous donc aujourd'huy de tous les devoirs possibles, pour temoigner que l'excez de nostre ressentiment demeurera tousjours le mesme contre sa propre nature. Soutenons que nostre affliction viollente la sera incessamment, & que nous sçavons l'art de souspirer sans relache & sans intervale. Il est vray que toutes choses passent, mais l'ennuy qui nous devore est si inthime à nos cœurs, qu'ilz ne sont plus capables de vivre, que pour mourir de la sorte, tellement qu'ilz emporteront dans la sepulture, la douleur dont ilz sont attaintz.

Les Romains disoient de Tite, qu'il s'en estoit allé pour son bien, & pour leur mal; O qu'il est vray aussy! que Nostre Divine Infante nous a abandonneez, pour posseder les felicitez des Cieux, à tous les malheurs de la terre: car comme la mort l'a comblee de joye & de contentement, Elle nous accablé à mesme temps de regret & de tristesse. Mais d'où vient que la Gloire dont céte Grande Princesse jouit, ne peut encore moderer l'ennuy qui nous tourmente. Nous avons beau estre asseurez de son salut, sa perte ne nous est pas moins sensible. On nous a beau prescher qu'elle se rit de nos larmes, & que nos plaintes continuelles ne font que troubler son repos, nous ne laisserons pas de pleurer, & nostre inquietude ne finira jamais qu'avec nostre vie.

Loing tous ces vains discours qui nous voudroi[illegible] persuader que céte Chere Princesse est absante plutost que morte; nos malheurs sont si extremes qu'il faut croire de necessité, que son trespas en est la cause & l'origine. Que sert-il de nous flatter; si nous souspirons de son absance, l'espoir de son retour seroit capable de nous consoller; mais en perdant l'esperance de la revoir icy bas, icy bas, pouvons nous attandre desoulagement en nos peines. Parlons franchement du mal qui nous possede puis que nous en cognoissons la nature, à force d'en ressentir la douleur. Il ne nous reste rien de céte Princesse que des cendres ; Ce n'est pas qu'elle ne vive tousjours dans le Monde, par la memoire de ses Vertus; mais comme céte sorte de vie contente nos espritz, & afflige nos sens ; se faut-il estonner si nous souspirons continuelement, & si nos plaintes n'ont jamais cessé.

Il est vray qu'vn chacun prend part à nostre affliction, mais quoy qu'on die, c'ét vn foible soulagement d'avoir des compaignons dans les miseres ; comment pourroit-on estre consolé de voir pleurer tout le monde. Ie sçay bien que la Chrestienté a ressenty vivement céte Mort, & que les cœurs les plus indiferens ont esté contraints de prendre party pour s'interesser de nostre perte : mais aprez tout nostre douleur ne change point de nature, elle est tousjours elle-mesme, je veux dire dans son excez & dans sa viollance, sans espoir que le temps la puisse moderer.

Cherchons donc des nouvelles inventions pour eterniser nos plaintes en erigeant tous les jours des funestes trophees à la Memoire d'vn si Divin Suject.

Cæsar couronna le Tombeau d'Alexandre, & celluy de Demetrius eut le mesme honneur : qu'vn chacun face des couronnes de palmes, & qu'on vienne en foule, à dessain d'en parer le Monumẽt de céte Adorable Princesse, pour marque des vertus qu'Elle a possedees icy bas; n'est-il pas juste de courõner les cẽdres d'vn corps, dont l'ame a merité si dignement toutes les couronnes de la Gloire. C'ét par des semblables actions que nous debvons renouveller continuellement les objectz de noſtre triſteſſe, & ne recognoiſtre plus d'oreſenavant la Conſtance, que pour eſtre reſolus à mourir du ſeul regret de ce treſpas; Et certes puis que noſtre vie eſt combatue de mille ſortes de malheurs, rendons les armes à céte derniere infortune, c'ét triompher que de ſe laiſſer vaincre par vn tel ennemy.

Les Atheniens avoient eterniſé la memoire de leur Roy Codrus dans la leur par vne loy publique qu'ilz s'eſtoient impoſee de reverer ſon nom à l'egal des choſes ſacrees, laiſſant meſme céte loy comme vn heritage d'honneur à leur poſterité de ſiecle en ſiecle ; Que ſi vous eſtes en peine de ſçavoir les merveilles que ce Roy avoit faictes dignes de cét honneur ? l'Hiſtoire vous aprandra qu'en vn jour de bataille il s'eſtoit deguiſé pour mourir promptement dans la mellee, puis que l'Oracle luy avoit vẽdu la victoire au prix de la vie: De ſorte qu'il en fut le Marchant s'eſtant expoſé de bonne grace aux perils de mille morts ; comme s'il eut deſiré encore de mourir autant de fois, pour faire triompher ſon peuple de ſes ennemis.

Quelles loix nous impoſerons nous donc aujourd'huy pour reverer dignement la memoire de céte Divine Princeſſe : Car tout le monde ſçait qu'aprez avoir quitté ſes habitz Royaulx pour eſtre m'eſcognue, Elle à expoſé genereuſement ſa vie aux perils des ſoings, des veilles, & de mille autres peines, qui ont eſté les artiſans de ſon Tombeau affin qu'en ſe perdant de la ſorte, Elle peut eſtablir le ſalut de ſon peuple, ſur la ruine de ſes ennemis. De dreſſer vn Bucher de bois aromatique à ſes funerailles comme firent les Romains à celles de Sylla : Les vertus de ſon ame ont tellement embaumé ſon Corps que l'odeur en eſt des-ja repandue

par

par toute le monde. De luy eriger vn Monument aussi superbe que celuy qui le Roy Piton fit bastir à la chaste Zenobie son Espouse, ou tous les fameux artisans avoient mis en employ les plus pretieux thresors de la terre, la Renômee nous à des-ja prevenus en ce dessain ayant marqué son Tombeau dans le Temple de Memoire, affin que le Temps qui ruine tout, revere cét ouvrage; comme estant à l'espreuve de ses effortz. De moy il me semble que le plus grands honneurs qu'on luy peut rendre cét de conserver eternellement dans nos ames le souvenir de ses vertus pour les mettre en pratique; Et de la sorte vivons dans l'innocence qu'Elle est morte, si nous voulons temoigner en reverant sa memoire, le ressentiment qui nous demeure des bons Exemples qu'Elle nous à laissez. Tout le reste n'est que vanité: Elle ne pretend point d'autre Gloire que celle qu'Elle possede, pour recompense de nous avoir si bien apris à mepriser les vains honneurs du monde.

Considerez donc grands Roys combien céte miserable vie en à trompez, combien Elle en à charmez & auveuglez? Céte vie dis-je qui en son berceau n'est qu'vne mort, au milieu de sa cariere qu'vn vent; & au bout, rien que fumee. Ne peut-on pas dire qu'Elle vous charme, puis qu'en courant sans cesse dans le Sepulture, vous n'y pensees jamais; Ne peut-on pas croire aussy, qu'Elle vous auveugle, puis qu'en mourant sans relache & sans intervale, vous ne voyez pas ses abois, & ses agonies. Ie vous attands de pied ferme aupres du Tombeau de ce Chere Infante pour vous ramantevoir que toutes voz grandeurs ne sont que vanité, puis que le vent de vos derniers souspirs les fait disparestre, & que voz thresors ne servét que de nouveaux temoings pour preuver l'excez de vos miseres, puis qu'avec toutes vos Richesses, il faut necessairement mourir dans la mesme pauvreté ou vous estes nez. Vous avez beau estre elevez par la naissance, sur les plus hauts thrones de la fortune, vous portez tousjours dans le sein les semences d'vn sepulchre, & la necessité de vostre condition mortelle & perissable, ternit si fort l'esclat de vos Majestez, que chasque instant regne plus absolument sur vos vies, que vous ne faictes sur vos sujectz: De sorte que sa duree peut estre consideree pour le seul intervale qui se treuve entre vostre estre, & vostre neant. Ie vous laisse la pensee de ces veritez importantes.

Ie ne m'estonne pas si les Parques sont Filles de la Nuict, puis qu'elles ourdissent incessament la trame de nos jours, à l'ombre des funestes cyprez qui les environnent: Les derniers momens de nos vies sont envelopez de si epaisses tenebres, qu'il n'est point de prevoyãce humaine qui les puisse percer, d'où vient qu'on s'en dort continuelement sans songer que le Temps qui s'enfuit nous entreine avec luy, jusques à ce qu'il ayt fait sonner l'heure qui doibt produire ces funestes moments, dont l'horreur & l'effroy ne se peuvent conçevoir sans mourir de la peine. Ie vous menace en passant de ces esclairs, affin que vous evitiez la punition des foudres.

Grandes Reynes, ce Mausolee est vn miroir qui ne flatte point: car si vous avez beaucoup de Majesté, Nostre Chere Infante, qui en portoit sur le front les plus beaux traictz, & les plus riches marques ne paroit à nos yeux maintenant, que soubz vn image de poussiere. Vantez tant qu'il vous plaira les charmes de vostre beauté, Nostre Incomparable ISABELLE quoy que parfaictefaictement Belle n'est plus que cendres dans le tombeau : admirez tous les jours à loisir vos douceurs & vos graces;mais n'oubliez pas que Nostre Merveilleuse CLAIRE qui possedoit toutes les qualitez aymables qui se treuvent en la nature, est aujourd'huy pourtant vn object de pitié plutost que d'amour, comme faisant vne partie de la terre ou elle est ensevelie. Tirez vanité de mesme tant que vous voudrez, de tous les objectz de Grãdeur & de Magnificence qui vous environnent. Mais permettez moy de vous dire encore vne fois que céte Parfaicte EVGENIE a esté precipitee de son throne dans la sepulture ou l'horreur & l'effroy habitent incessamment. Enfin je veux que vostre naissance soit egallement Auguste & Royalle : Nostre Princesse qui pouvoit conter au nombre de ses Ayeulx les plus grands Monarques du monde, n'a pas laissé de mourir comme le moindre de ses sujectz, & toute sa Noblesse n'a peu la garantir des miseres du tombeau.

Helas s'escrie céte vielle nourrice d'Hercule portant l'Vrne ou estoient ses cendres ; quoy que mes bras soient affoiblis de viellesse je trouve ce fardeau bien leger, doibje croire que céte petite poignee de cendres que je porte soit ce grand Hercule si fort & si vaillant.

Mes Dames permettez moy de m'escrier aussy dans l'estonnement ou je me trouve. Quoy ? est-il possible qu'vne si Grande Princesse comme Nostre Chere Infante ne soit plus qu'vn peu de poudre & de cendre? Qu'est devenue céte Majesté,dont le Ciel & la Nature l'avoient si richement ornee?Helas la mort en a effacé tous les traictz pour en faire perdre la memoire; où sont ces douceurs & ces graces qui animoiẽt egalement,& ses discours & ses actions. Tout c'ét evanouy avec Elle dans le tombeau ; mais comment se peut on imaginer qu'vn si petit cercueil soit capable de contenir vne si Grande Princesse, dont la Renommee estoit cognue par tout l'Vnivers ; Quoy céte Incõparable Infante n'aura plus qu'vn Suaire pour Heritage, qu'vn Tombeau pour Domaine, & qu'vne Biere pour Palais. Ne vous en estonnez pas pourtant, puis que les plus Puissants Monarques de la Terre ne sont formez d'autre chose ; Ne vous en estonnez pas ; puis que la Majesté des Roys, & la Magnificence des Princes, sont de mesme nature qu'eux-mesmes : Celle-là se dissipe comme la fumee, & celle-cy passe comme le vent. Ne vous en estonnez pas, puis que les miseres ont le mesme empire sur les corps, que le temps a sur les vies; Ne vous en estonnez pas enfin, puis que tous ensemble n'avons rien de plus propre que la pourriture.

Il est vray, céte Grande Princesse n'est plus que cendres; mais ce sont de cendres de Phenix, animees de tant de vertu, que son tombeau mesme luy sert de throne, puis que sa mort est aussy belle que sa vie. Ie confesse que céte Chere Infante n'est rien que poudre, mais céte poudre commence desja de s'envoler dans le Ciel, pour joindre ses atosmes à son vnité, ou plutost sa matiere à sa forme, je veux dire le corps à son ame glorieuse.

Ne sçait on pas bien que la Nature ne peut rien produire d'immortel icy bas, tous ses ouvrages animez sont marquez du sceau de la mort, pour vn temoignage infalible de leur ruine. Quelle aparance de souhaiter l'immortalité à céte Princesse, dans vn sesjour affecté aux miseres, & si propre aux malheurs. Ne nous suffit il pas qu'Elle puisse dire avec beaucoup plus de raison que ce fameux Monarque, qu'Elle y est venue, qu'Elle

y a veu,

y a veu, & qu'Elle y a vaincu. Qu'Elle y est venue pour son salut, & pour nostre bien, qu'Elle y a veu toutes les vertus en les pratiquant, & qu'Elle y a vaincu tous les vices. Que peut-on adjouter à sa Gloire.

Quel nouveau Conseil vous doibt-on donner maintenant; vous persuaderay-je la tristesse ou la joye. Ie sçay bien que je vous ay presché la constance en vostre affliction; mais la raison me contraint à la fin de vous representer celle que vous avez de vous rejouir? Seroit-il dict aussy que vous regretteriez si peu vne Princesse, que vous aymiez si fort : à peine vient Elle d'expirer? cesseriez vous desja de vous plaindre. Toutes-fois il semble que vos larmes envient son bonheur. Pourquoy pleureriez vous tousjours du regret de sa mort, si son trespas estoit necessere pour la felicité de son ame.

Il est temps de tarir vos larmes, & de fermer la bouche à vos plaintes, mais que disje, je vous dõne vn conseil, que je ne sçaurois suivre. Pleurons tous ensemble incessamment, & faisons resonner en mille lieux sans intervale, le bruit de nos sanglotz; que nostre vie finisse plutost que nostre douleur; Donnons suject au temps qui guerit céte sorte de playes, de rendre les nostres incurables, & au lieu d'employer le marbre, & le cuivre, à eriger vn superpe tombeau à céte Adorable Infante, gravons y plutost dessus l'histoire de nostre constance, comme estant resolus de mourir de regret. Arthemise fut deceue en son dessain, lors qu'elle creut d'eterniser sur la terre, par des monceaux de terre, la memoire de son dueil? Qui ne sçait pas que son Mausolee, quoy qu'il servit de sepulture, a esté luy-mesme ensevely par le Temps; dãs les Abysmes de l'oubly. Alexãdre eut beau faire abattre de-mesme les murailles des villes, pour

 temoi-

temoigner par ces actions extraordinaires, que ſon ennuy n'eſtoit pas commun, la memoire de ſa triſteſſe à couru vn pareil ſort que celle de ces ruines, tout eſt diſparu devant nos yeux, & c'ét avec beaucoup de peine encore qu'on adjoute foy à ces veritez. Qu'eſt devenu enfin ce ſuperbe Anphiteatre de Sçaurus, le Soleil la veu en paſſant, mais en recommençant ſa cariere, il n'a peu ſeulement remarquer, à la lumiere de ſes rayons la place ou il avoit eſté baty.

Honnorons donc la memoire de céte Divine Infante, d'vne maniere auſſy rare que ſa naiſſance, d'vne façon auſſy merveilleuſe que ſa vie, & par vn moyen auſſy admirable que ſa mort, & pour rehuſſir dans ce deſſain cherchons la naufrage dans nos propres larmes, & par nos cõtinuels ſouſpirs hatons nous de jecter le dernier: Enfin faiſons entẽdre le bruict de nos regretz par toute la terre, pour donner de la pitié à ceux qui n'en ont jamais eu, ſans en recevoir de nous-meſmes, puis que le deſeſpoir de gueriſõ, eſt l'vnique remede de noſtre mal; Toutesfois il me vient en penſee. Que quand Romulus premier Roy des Romains fut mort, tout le Senat parut eploré juſques à ce que Iulius Proculus ſe preſentãt au milieu de l'aſſamblee, dict qu'il l'avoit veu monter au Ciel, avec vne Majeſté plus Divine que Mortelle.

C'ét vne fable Meſſieurs: mais je doibs céte ſatisfactiõ à ma conſcience, de vous faire voir la verité au revers de la medaille. Sçachez donc pour voſtre ſoulagement, que Noſtre Divine Infante eſt montee dans le Ciel, & que l'eſclat de la lumiere qui l'environnoit en eblouiſſant mes yeux, n'a permis qu'à mes penſees de l'admirer; Que ſi vous en doubtez encore, ſa Pieté me ſervira de Temoing: ſa Charité vous en donnera des nouvelles

nouvelles asseurances : sa Iustice vous en faira foy : sa Temperance vous le certifiera encore , sa Prudence vous en laissera de grandes preuues; sa Liberalité vous obligera de le croire; sa Chasteté vous souttiendra la mesme chose avec beaucoup de raison; sa Pauvreté volontaire vous en faira voir clairement la verité; son Obeissance vous la representera infalible : & son Humilité authorisant de nouveau, tous ces temoings exempts de reproches, elle vous asseure encore qu'il n'est rien de plus certain. Ie vous laisse ce suject de consolation pour soulager vostre tristesse, comme le plus souverain dictame de ses playes.

FIN.

ADVERTISSEMENT.

IE n'ay point mandié des memoires pour faire le Panegyrique de cête Gräde Princesse : parce qu'ayant eu le bonheur de sejourner sept ans dans sa Court, j'ay employé vtillemët mon temps à l'estude des plus belles actions de sa vie, dont la gloire sert de fondement à ce Mausolee: *estant bien aise d'ailleurs de ne passer pas les limites que j'avois donnees à mon dessain. Ie laisse la Cariere libre pour aller plus avant à Monsieur Sifflet Chanoine, comme ayant entrepris de faire l'Histoire de cête Incomparable Infante, digne ouvrage de son bel Esprit : car sans mentir il n'apartient qu'à sa plume d'aigle de voler si haut.*

Ie vous diray encore pour contenter vostre curiosité, que le Corps de S. A. repose derriere le grand Autel de la Chapelle de la Court, dans vn Cercueil de plomb, soubs vn dez de Velours noir, en attendant la saison de pouvoir celebrer ses funerailles avec toutes les pompes qui sont affectees à vne action de cête importance. Voicy l'Epitaphe que j'ay destinee pour son Tombeau.

www.ingramcontent.com/pod-product-compliance
Ingram Content Group UK Ltd.
Pitfield, Milton Keynes, MK11 3LW, UK
UKHW020920180726
13838UKWH00002B/667